KB001377

전쟁, 협력, 산업의 키워드로 본

유네스코
세계유산
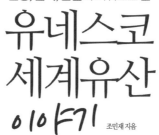
이야기 조민재 지음

United Nations Educational,
Scientific and Cultural Organization

전쟁, 협력, 산업의 키워드로 본

유네스코
세계유산
이야기

초판 1쇄 발행 2021년 11월 19일
　　2쇄 발행 2021년 11월 25일

지은이 · 조민재
펴낸곳 · 도서출판 **통독원**
편　집 · 박지영
디자인 · 전민영

주소 · 서울시 강남구 선릉로 806
전화 · 02)525-7794 팩 스 · 02)587-7794   홈페이지 · www.tongbooks.com
등록 · 제21-503호(1993.10.28)

ISBN 979-11-90540-01-8 93060

전쟁, 협력, 산업의 키워드로 본

유네스코
세계유산
이야기

조민재 지음

United Nations Educational,
Scientific and Cultural Organization

통독원

contents

Part 3. 산업

현대 정치, 사회, 문화 속 유네스코 _108

1. 유네스코 세계유산은 어떻게 등재되는가?

세계유산 등재를 위한 5단계 과정
세계유산 등재 이후

2. 유네스코가 말하는 '탁월한 보편적 가치'란 무엇인가?

모든 세계유산은 '모든 사람의 재산'임을 강조하는 개념
'탁월한 보편적 가치'에 대한 이론적 고찰
'탁월한 보편적 가치'를 가진 세계유산의 예 : 중국 만리장성

3. 유네스코 세계유산의 형태들은 무엇인가?

유형으로 나타나는 세계유산 : 문화유산, 자연유산, 복합유산
기록과 전통을 보존하는 세계유산 : 세계기록유산과 무형문화유산
위험에 처한 세계유산과 목록에서 폐기된 세계유산

4. 가장 먼저 유네스코 세계유산이 된 곳들은 어디인가?

란세오메도스 국립 역사 지구 – 캐나다
나하니 국립공원 – 캐나다
키토 – 에콰도르
갈라파고스 제도 – 에콰도르
시미엔 국립공원 – 에티오피아
랄리벨라 암굴 교회군 – 에티오피아
아헨 대성당 – 독일
크라쿠프 역사 지구 – 폴란드

서문과
감사인사

　'유네스코 세계유산'에 관한 이야기를 책으로 써야겠다는 생각을 하게 된
것은 2019년 가을, 한 대학에서 유네스코에 대한 강의를 한 이후였다. 그 강
의의 주제는 〈유네스코 : 협력에서 경쟁까지〉였고, 강의의 목적은 유네스
코 세계유산의 변화를 다룬 것이었다. 다시 말해, '왜 유네스코는 국제 협력
으로 시작해서 국제 경쟁까지 이르게 되었을까?'라는 의문을 살펴보는 것이
강의의 주된 목적이었다. 이 주제를 다루기 위해서는 먼저 유네스코의 배경
을 말할 필요가 있었다.

　나는 학생들에게 유네스코를 친근하고 쉽게 접근하게끔 이끌기 위해
질문 형식으로 이야기를 풀어 나갔다. 유네스코는 어떠한 상황에서 설립되
었고, 어떠한 내부/외부 요소들의 영향을 받았을까? 또한 유네스코가 처음
설립되었을 당시와 현재를 비교할 때, 지금까지도 계속 유지되고 있는 부
분과 변화된 부분들은 무엇이 있을까? 이러한 질문들을 가지고 강의를 이
끌어 나갔다.

강의를 마친 후 이미 많은 학생이 유네스코라는 국제기구의 이름을 들어 알고 있으며, 유네스코의 약자가 무엇인지 아는 이들도 많을뿐더러, 유네스코가 무슨 일을 하는 곳인지 아는 이도 많다는 사실을 알게 되었다. 반면 '유네스코'가 처음에 어떠한 국제적 상황으로 인해 설립되었는지, 그리고 '그때의 상황이 얼마나 정치적이고 격렬했는지'에 대해서는 아는 학생이 많지 않다는 것도 알게 되었다.

현재 더 많은 세계유산이 유네스코에 등재되는 상황 가운데, 유네스코라는 국제기구에 대한 인식은 전 세계인들의 의식 속에 계속 확장되고, 더욱 친숙히 자리잡고 있다. 그러므로 이 상황에서 유네스코에 대해 보다 더 포괄적으로 넓고 자세히 이해하고 알아간다면, 온 세계가 소중하게 보호하고 있는 세계유산을 더욱 다양한 각도에서 생각하고 지켜가는 데에도 분명 도움이 될 것이다.

이 책에서 나오는 많은 유네스코 세계유산 정보들은 인터넷 사이트와 이미 출판된 다양한 책을 통해 찾을 수 있다. 다시 말해, 이 책이 유네스코를 다룬 첫 번째 책이라고는 말할 수 없다. 이 책은 여러 곳에 흩어져 있는 많은 자료를 한곳에 모아 이어지는 이야기 형식으로 정리한 것이다. 더 나아가 나는 이 책을 통해 '세계유산'은 사람들의 상황과 결정에 따라 변화되는 '트렌드'라는 사실을 이야기하고 싶다.

이 책을 쓰며 감사한 분들이 많지만, 특히 감사할 분들이 있다. 먼저 영국 UCL대학교 대학원 과정(공공고고학)에서 유네스코에 대해 많은 가르침을 주신 팀 샤들라홀(Tim Schadla-Hall) 교수님과 게이브리엘 모쉔스카(Gabriel Moshenska) 교수님께 감사를 드린다. 그분들의 강의와 세미나를 통해 유네스코의 세부 사항에 대한 관심을 본격적으로 갖게 되었다. 날카롭게 비평하시면서 전 세계가 함께 운영하는 국제기구인 유네스코의 중요성과 역할에 대해 많은 말씀을 해 주신 교수님들 덕분에, 다양한 각도에서 유네스코에 대해 생각을 해 볼 수 있었다.

또한, 나의 연구에 있어 가장 많은 영향과 도움을 주신 박사 논문 지도교수님이셨던 영국 케임브리지대학교의 마리 루이즈 스틱 소렌슨(Marie Louise Stig Sørensen) 교수님께 '도전적 정신과 학문에 대한 열정을 주심에 감사'를 드린다. 소렌슨 교수님께서 나에게 해 주신 가장 중요한 질문은 언제나 "What do you think about this?"(이에 대한 너의 생각은 무엇이지?)였다. 교수님의 그 질문들을 통해 연구에 있어서 '지난 일' 또는 '남의 일'보다는 내가 깊이 생각해 보아야 하는 일들로 나의 연구를 차곡차곡 채워갈 수 있었다.

내가 이렇게 영어가 아닌 '나의 모국어인 한국어'로도 책을 쓸 수 있는 것은 어려서부터 '모국어'(mother tongue)를 지나칠(?) 정도로 강조하신 애국심 강하신 우리 부모님 덕분이다. (참고로 나는 한국 학교를 단 하루도 다닌 적이 없다. 만 4살 때부터 23년간 영국에 거주하면서 영국 학교들만 다녔기 때문이다. 영국에서 매주 토요일마다 열리는 한인 학교조차 약 3개월 정도 다닌 것이 전부이다.) 이렇게 한국어로 책을 쓰면서 나는 우리 부모님께 진심으로 감사를 드리지 않을 수 없다.

또한, 멋진 남동생 조윤환과 나에게 늘 놀라운 영감을 주는 언니 조민혜 박사에게 이 자리를 빌려 감사를 전하고 싶다. 나의 언니 조민혜 박사

(법경제학)는 언제나 나의 모든 글(영어든 한글이든….)을 처음부터 끝까지 다 읽어주고 날카롭게, 그리고 따뜻하게 조언하며 격려해 주었다.

그리고 나의 원고 뭉치가 이렇게 책으로 나올 수 있도록 많은 애정과 시간을 써 주신 통독원 출판사의 박지영 총무님과 전민영 디자이너님께 진심을 담아 감사의 마음을 전하고 싶다.

항상 나의 연구에 많은 관심과 응원을 아끼지 않은 아버지, 어머니, 언니 그리고 남동생에게 다시 한번 "감사합니다. 그리고 많이 사랑합니다." 라는 말을 하고 싶다.

마지막으로 이 책을 읽는 모든 독자분들께 행운을 빌며 감사의 인사를 드린다.

2021년 늦가을
서울대학교 아시아연구소에서

조민재

유네스코 세계유산과
세계 7대 불가사의의 차이

　이 책은 '교육, 과학, 문화, 정보 커뮤니케이션 등 지적 활동 분야에서의 국제 협력을 촉진함으로 세계 평화와 인류 발전을 증진하기 위해 만들어진 국제 연합(UN, United Nations)의 전문 기구'인 '유네스코'(UNESCO, United Nations Educational Scientific and Cultural Organization)의 세계유산을 다룬다. 유네스코라는 국제기구가 어떻게, 그리고 왜 생기게 되었는지, 더 나아가 어떻게 발전했는지에 대해 이야기할 것이다.

　유네스코는 의심할 여지없이 현재 세계 사회에서 많은 사람에게 엄청난 영향을 끼치고 있는 국제기구이다. 전 세계 많은 사람이 이미 유네스코의 로고를 인식하고 있으며, 유네스코 세계유산으로 지정된 곳들을 방문하고 있다. 유네스코 세계유산으로 지정된 곳들 가운데에는 이미 세계적으로 유명한 곳들이 많이 있다. 그 가운데 대표적인 몇몇을 꼽으라면 영국의 스톤헨지, 중국의 만리장성, 캄보디아의 앙코르와트, 페루의 마추픽추 등이 먼저 생각날 것이다. 한국에서도 어느 곳을 방문했다가 그곳이 유네스코가 지정한 세계유산이라고 말하면, 그곳이 더 보호하고, 보존해야 할 곳으로 달리 보이는 것이 사실이다.

이처럼 유적지가 '유네스코 세계유산'으로 지정되었다는 이유만으로, 해당 국가와 전 세계는 그 유적지를 더 큰 가치와 의미가 있는 곳으로 인식하게 되었다고 볼 수 있다. '유네스코 세계유산'을 통해 유네스코가 널리 알려지게 되면서 사람들은 유네스코가 세계유산을 지정하고 보존하는 곳이라는 생각을 자연스럽게 가지게 된 것 같다.

물론 유네스코에서 '세계유산'을 지정하고 보존하는 일은 아주 중요한 일이다. 하지만 1945년에 설립된 유네스코의 주목적은 교육, 과학, 문화, 정보 커뮤니케이션 분야를 중심으로 세계 평화를 만드는 일이다. 그러던 중 1972년 유네스코에서 '세계유산협약'(the World Heritage Convention)을 채택하면서 그때부터 유네스코의 중요한 사업 가운데 하나, 바로 '세계유산'을 지정하고 보존하는 일이 크게 이슈화된 것이다.

오늘날 유네스코 세계유산 유적지들은 많은 사람이 관광하고 싶어 하는 '관광지'이다. 하지만 보다 중요하게 염두에 두어야 할 것은 유네스코의 설립목적이다. 1972년에 유네스코가 세계유산협약을 채택하고, 산하에 세계유산위원회를 만들어 전 세계에 흩어져 있는 문화유산들과 자연유산들을 세계유산으로 지정·보존하기로 한 이유는 전 세계인들이 그 유적지들을 '함께' 보존하고 보호하여 우리 후손들에게 물려주고, 더 나아가 이를 통해 세계 평화를 이루자는 데에 있다.

나는 이 책에서 유네스코를 '전쟁, 협력, 그리고 산업'이라는 세 가지 키워드로 풀어 갈 것이다. 그리고 쉽게 독자들에게 다가가기 위해 이야기 형식을 취하려고 한다. 유네스코 이야기를 '전쟁과 협력, 그리고 산업'의 관점으로 보겠다고 한 이유는 유네스코의 설립 배경이 제1차, 제2차 세계대전 곧 전쟁이었기 때문이다. 그리고 전쟁 후 세계 평화를 이루기 위해 무엇보다 유네스코는 세계인들의 '협력'이 필요했다. 이는 유네스코 창립의 초기 목적이 되었다. 그렇게 1945년에 창설된 유네스코는 유엔의 산하기구로서 교육, 과학, 문화, 정보 커뮤니케이션 분야에서 국제 협력을 촉진하여 점차 세계 평화와 발전에 기여하는 곳으로 자리매김하였다. 그리고 유네스코가 1972년 채택한 세계유산협약은 유네스코의 협약들 가운데 가장 높은 관심을 받는 국제 협약이 되어 국제 사회의 문화유산과 자연유산 보호 활동을 이끌었다.

결과적으로 유네스코를 통해 지정된 세계유산은 오늘날 국제적으로 중요한 큰 '산업'이 되어 있다. 그래서 '전쟁, 협력, 산업'의 관점에서 유네스코 세계유산을 이야기하고자 하는 것이다.

유네스코 세계유산 이야기를 세 가지 키워드를 가지고 본격적으로 다루기 전에 먼저, 예전에 질문 받았던 '세계 7대 불가사의'와 '유네스코 세계유산'이 어떻게 다른지를 살펴보겠다. 둘 다 '세계 보물'이라는 인식이 강한 만큼, 이것은 짚고 넘어가야 할 중요하고 흥미로운 문제라고 생각한다.

❁

고대의 세계 7대 불가사의

많은 사람이 이미 다양한 경로의 언론을 통해 '세계 7대 불가사의'라는 것에 대해 들어 본 적이 있을 것이다. '기적에 가까울 정도로 놀라운 인공 구조물이나 자연 경관들' 가운데 일곱 가지를 꼽아 '사람의 손으로 이루어 낸 기적적인 건축물'이라는 의미를 담아 '세계 7대 불가사의'라고 불렀다. 세계 7대 불가사의가 '세계 곳곳에 퍼져 있는 대단한 역사를 가진 세계적인 유적 일곱 곳'을 의미하고 있다는 것은 이제 상식이 되었다.

이 책을 읽는 독자들 가운데에는 이미 '세계 7대 불가사의'라고 알려진 곳을 방문하여 기념사진을 찍고 그곳을 방문했다는 기억을 소중하게 가지고 계신 분들도 있을 것이다. 그만큼 세계 7대 불가사의는 말 그대로 유명한 곳 이다. 그런데 여기에서 재미있는 사실은 세계 7대 불가사의에 대해 고대로 부터 지금까지 수많은 목록들이 작성되어 왔고, 때문에 버전이 여러 가지 있다는 것이다. 고대의 세계 7대 불가사의, 중세의 세계 7대 불가사의, 그리 고 현대의 세계 7대 불가사의까지 있으니 말이다. 때문에 고대의 세계 7대 불가사의는 '원조(?) 세계 7대 불가사의'라고 해 두는 것도 재미있을 것이다.

한편, 고대의 세계 7대 불가사의 목록은 말 그대로 고대에 존재한 일곱 개의 불가사의한 역사적인 유물을 목록으로는 남겨 놓은 것인데, 현재 유적 으로 남아 있는 것은 '대 피라미드(쿠푸 왕의 피라미드) – 고대 이집트의 기자' 단 하나뿐이라는 사실도 매우 흥미로운 일이다.

어떻게 보면 고대에서부터 '세계 7대 불가사의'라는 개념이 존재한 덕분 에, 이러한 맥락을 기반으로 유네스코가 '세계유산협약'을 채택할 수 있었 다고 크게 볼 수 있다. 물론 유네스코 세계유산 지정은 전쟁 이후 국제 협력 의 예로 실행된 캠페인(campaign)이었다. 그러나 고대에서부터 세계 곳곳에 있는 유적지는 세계가 가진 '보물'이라는 개념이 존재했고, 이것을 기반으로 유네스코가 그 후로 세계유산, 세계 보물이라는 개념을 가지고 세계의 문화 유산 및 자연유산 보호를 체계화했다고 할 수 있다.

고대의 세계 7대 불가사의 목록을 처음 만든 사람이 누구인지는 정확하게 알려지지 않았다. 그런데도 우리가 이 고대 목록에 대해 알 수 있는 이유는 고대 그리스의 시인 안티파트로스(Antipater of Siden)를 비롯한 몇몇 작가들이 그들의 작품에서 세계 7대 불가사의를 언급한 기록들이 있기 때문이다. 또한, 고대의 '세계 7대 불가사의' 목록과 자주 연관되는 인물은 기원전 2세기의 작가 비잔티움의 필로(Philo of Byzantium)이다. 필로는 《세계의 7대 경관, *De Septem orbis spectaculis*》이라는 글을 남겨 놓았다.

우리가 생각하는 정말 오래된 고대의 사람들도 그 이전 고대에 대해 무한한 관심이 있었기에 고대의 세계 7대 불가사의 목록이 만들어진 것이다. 사람들은 늘 자신들이 살고 있는 시대보다 그 이전 시대, 곧 고대에 관심이 있었고, 과거의 신비로움에 대해 생각하며 이를 살리고 싶어 했다.

필로가 거명한 세계 7대 불가사의는 '인간이 만든 가장 경이로운 기념물이자, 경이로운 인간의 흔적들'이라 할 수 있다.[1] 필로의 글은 오늘날의 언어로 말하자면 '관광 가이드북' 또는 '꼭 보아야 하는 곳들의 목록'이라 말할 수 있을 것이다(Clayton and Prince 1988:4).

세계의 불가사의를 7개로 꼽은 이유는 고대 그리스 사람들에게 '7'이라는 숫자가 완벽함과 넉넉함을 상징하는 숫자이기 때문일 것이다. 그리고 고대 시대에는 알려진 행성들이 5개였고, 거기에 해와 달을 포함하면 '7'이라는 숫자가 나오기 때문에 7대 불가사의가 나온 것이다.[2]

원조(?)라고 할 수 있는 가장 오래된 버전의 고대의 세계 7대 불가사의 목록을 살펴보면 다음과 같다.[3]

1. 대 피라미드(쿠푸 왕의 피라미드) – 고대 이집트의 기자
2. 바빌론(바벨론)의 공중 정원 – 고대 바빌로니아의 수도 바빌론(바벨론)
3. 올림피아의 제우스 상 – 고대 그리스의 올림피아

이상의 고대의 세계 7대 불가사의를 하나씩 간략하게 살펴보겠다.

첫 번째는 '쿠푸 왕의 피라미드'(Pyramid of Khufu(Cheop))라고도 불리는 이집트 기자(Giza)에 있는 '대 피라미드'(Great Pyramid of Khufu in Egypt)이다. 대 피라미드는 기자에 있는 여러 피라미드 가운데 가장 크고 가장 오래된 것으로, 고대 이집트의 파라오였던 쿠푸를 위해 기원전 2584년에서 2561년 사이에 건설된 것이다.

대 피라미드의 높이는 약 146.5m로 1311년에 잉글랜드에 '링컨 대성당'(Lincoln Cathedral)이 세워지기 전까지는 약 3,800년간 세계에서 가장 높은 인공 건축물이었다. 완벽한 대칭과 인상적인 높이의 구조는 필로를 포함한 고대의 모든 방문객들의 마음을 사로잡았을 것이 분명하다.[4] 대 피라미드(쿠

대 피라미드(Great Pyramid of Khufu in Egypt)> _ Cesar Salazar 사진

푸 왕의 피라미드)는 오늘날까지도 남아 있으며, 고대 세계 7대 불가사의 중 유일하게 현존하는 기념물이다.

  두 번째는 '바빌론(바벨론)의 공중 정원'(Hanging Garden of Babylon)이다. 이 정원이 '공중 정원'으로 불린 까닭은 왕궁 안의 모든 식물이 땅에서 자라지 않고 건물 내에서 자랐기 때문이다. 공중 정원은 허공에 떠 있는 것이 아니라, 계단식 테라스 형태의 정방형 모양으로 옆면 길이가 약 100m에 달했다고 전해진다. 테라스는 높이가 25m와 30m 사이였고, 바닥에는 다양한 층이 있어 식물을 심는 것이 가능했다.[5]

  이 정원은 현재 이라크 바그다드(Baghdad) 교외에 그 흔적이 남아 있다. 공중 정원은 기원전 600년경 바빌론(바벨론) 제국의 왕 네부카드네자르 2세(Nebuchadnezzar II, 느부갓네살)가 조성한 것이다. 메디아(메대) 출신 왕비 아미티스(Amytis)가 자신의 고향을 너무나 그리워하자 네부카드네자르 2세(느부

바빌론의 이슈타르 문의 모형 (베를린 페레가몬 박물관)
_ Radomir Vrbovsky 사진

갓네살) 왕은 왕비를 위해 계단식 정원을 조성했는데 이것이 바로 공중 정원이다.

정원을 5단 계단식 테라스 형태로 만들고, 테라스에 흙을 묻고 유프라테스 강물을 끌어올려 수목을 심고 가꾸었다고 한다. 이 정원은 기원전 538년에 페르시아의 침략으로 파괴되었지만 그 기록은 남아 있다. 그 기록은 아미티스가 '고향의 산과 꽃을 그리워하여 왕이 바빌론(바벨론) 안에 산을 만들라고 명령했다'는 고대 작가 디오도로스 시켈로스(Diodoros Sikelos)의 글에서 찾을 수 있다.[6]

세 번째는 '올림피아의 제우스 상'(Statue of Zeus at Olympia)이다. 이 동상은 기원전 5세기 고대 세계 최고의 조각가인 그리스의 거장 페이디아스(Phidias)에 의해(혹은 그의 감독하에) 올림피아(Olympia)에 만들어졌다고 한다.

제우스 상의 높이는 12m였고, 제우스는 금 로브를 입고 그의 왕좌에 앉

올림피아의 제우스 상
_ Quatremère de Quincy 作

아 있는 모습이었다고 한다. 이러한 제우스의 모습은 올림피아의 제우스 신전을 찾아온 숭배자들에게 경외심을 불러일으키기 위해 고안된 것이었다.[7] 올림피아의 제우스 상은 4세기경 동로마의 수도인 콘스탄티노플로 옮겨졌으나, 그 후 화재로 인해 소실되었다.

네 번째 불가사의는 고대 소아시아 이오니아 지방 에페소스(Ephesos, 에베소)에 세워졌던 '아르테미스 신전'(Temple of Artemis)이다. 그리스 신화에 등장하는 여신인 아르테미스는 열두 명의 위대한 올림푸스 신들에 속했다. 그녀는 숲, 사냥, 달의 여신이었으며 여성들과 아이들의 수호신이었다. 아르테미스는 화살과 은으로 된 활을 가지고 낫처럼 생긴 초승달을 머리에 장식했고, 약쑥과 실측백나무 상징도 갖고 있었다. 아르테미스는 처녀 사냥꾼으로 아이를 가지지 않았으며 결혼도 하지 않은 여신이었다.[8]

아르테미스의 신전은 신약성경 〈사도행전〉에서 '아데미 신전'이라는 이름으로 두 번이나 언급되어 있다(행 19:27,35). 이 신전은 세 번 건축되었다가

아르테미스 신전 모형 (터키 이스탄불 미니아투르크 공원)
_ Zee Prime 사진

파괴되었다. 첫 번째 건축되었던 신전은 홍수로 파괴되었고, 두 번째로 건축되었던 신전은 헤로스트라토스라는 미치광이(자신의 이름을 영원히 남기고 싶다는 이유)의 방화로 파괴되었다. 그리고 세 번째로 지어진 신전이 세계 7대 불가사의에 오르게 된 리디아(Lydia)의 왕 크로이소스(Kroisos)가 건축한 신전이다. 물론 이 신전도 현재는 파괴되고 조각들만이 남아 있다.

아르테미스 신전이 유명한 이유는 파르테논 신전을 포함한 다른 그리스 사원의 두 배에 이르는 거대한 신전 규모(약 110 x 55m)를 갖고 있었던 것뿐만 아니라, 신전을 장식한 웅장한 예술 작품들 때문이다. 아쉽게도 아르테미스 신전은 기원전 3세기에 고트족의 침략으로 완전히 파괴되었다. 그 후 에페소스(에베소) 사람들이 또다시 아르테미스 신전을 재건축하고자 했으나 기독교를 국교화한 로마 제국의 황제 테오도시우스 1세(Theodosius I)에 의해 그들의 꿈은 무산되었고, 현재는 조각들 가운데 상당량이 대영박물관에 남아 있을 뿐이다.[9]

다섯 번째는 '할리카르나소스의 마우솔레움'(Mausoleum of Halicarnassus, Halicarnassos)이다. 할리카르나소스의 마우솔레움은 고대 아나톨리아 남서부 카리아(Caria)의 통치자였던 마우솔로스(Mausolos) 왕의 거대한 무덤이다.

영묘는 마우솔로스의 여동생이자 부인이었던 아르테미시아(Artemisia II)에 의해 기원전 353년에서 351년 사이에 할리카르나소스(Halicarnassus,

할리카르나소스의 영묘 모형
(보드룸 수중 고고학 박물관)
_Jona Lendering 사진

할리카르나소스의 영묘(영묘 건설을 시찰하는 아르테미시아)
_ Maarten van Heemskerck 作

로도스의 거상 _ Marten van Heemskerck 作

지금의 터키 보드룸)에 지어졌다. 당시 이 무덤은 이집트의 피라미드를 제외하고는 세상에서 가장 큰 규모의 무덤이었다고 한다. 영묘의 건축은 그리스 건축가 피티우스(Pythius)와 사티로스(Satyros)가 설계하였다.[10] 지금은 지진으로 인해 폐허만이 터키의 이스탄불에 남아 있다.

여섯 번째는 '로도스의 거상'(Colossus of Rodos)이다. 로도스의 거상은 로도스섬의 수호신이자 태양의 신인 헬리오스(Helios)의 상이다. 로도스의 거상은 당시 로도스인들이 키프로스(Cyprus)와의 전쟁에서 싸워 이긴 것을 기념하기 위하여 그리스인 건축가 카레스(Chares of Lyndus)에게 의뢰해 세운 것이라고 한다. 대다수의 문헌들에 따르면 이 동상은 약 33m 정도의 크기였다고 한다.

그렇다면 현재 뉴욕에 있는 자유의 여신상과 그 크기가 비슷했다는 것이다. 이 거상을 만드는 데는 12년(B.C.292~280경)이나 걸렸지만 기원전 226년에 지진으로 인해 무너졌고, 그 잔해들이 남아 있었으나 다시 복원되지는 못했다.

일곱 번째는 기원전 300~280년경 이집트의 알렉산드리아 항구 밖에 있는 파로스섬에 세워진 '알렉산드리아의 파로스 등대'(Pharos of Alexandria)이다. '파로스의 등대'라고 알려진 이 등대는 이집트 헬라 제국(프톨레미 왕조)을 세운 프톨레마이오스 1세(Ptolemaeos I Soter, 프톨레마이오스 소테르)의 건축가 소스트라토스(Sostratus)가 지휘·감독했다고 알려져 있다. 고대의 자료들을 통해 이 등대가 소스트라토스의 작품이라는 사실을 확인할 수 있다. 등대가 섰을 때의 높이는 100m가 넘었다고 한다.[11]

등대의 아래층은 4각형, 중간층은 8각형, 상층은 원통형으로 위로 갈수록 좁아진다. 등대의 꼭대기에는 거대한 상이 있었다고 한다. 이 등대는 12세기 이후에 무너졌고, 1477년경 맘루크(Mamluk) 술탄 카이트베이

알렉산드리아의 파로스 등대 소묘
_H. Thiersch 作

(Quaitbey)가 그 잔해들을 요새를 짓는 데 사용했다고 한다. 1994년 알렉산드리아 인근 아부키르 해안에서 프랑스 고고학 발굴팀이 파로스 등대의 잔해를 발견하기도 했다.

앞서 말했듯이 고대 세계 7대 불가사의 목록에 있는 유적 가운데 이집트 피라미드 외에 다른 6개 유적은 원형 그대로는 이 세상에 존재하지 않는다. 사라진 6개 유적은 신화 같은 존재라고 할 수 있다. 만약에 이집트의 대 피라미드도 사라졌다면 고대의 세계 7대 불가사의는 모두 '신화'로 남았을 것이다. 어쩌면 그 하나가 살아 남았기 때문에 그 기반으로 그다음 목록들이 탄생했다고 해석할 수 있겠다.

중세의 세계 7대 불가사의

　고대의 세계 7대 불가사의 목록에 이어 19세기와 20세기 초에 걸쳐 당시의 일부 작가들이 세계 7대 불가사의 목록을 다시 정리하는 작업을 했다. 중세의 세계 7대 불가사의 목록에 들어간 건축물 가운데에는 중세에 지어진 것은 아니지만, 중세의 세계 7대 불가사의로 널리 알려진 것이 있다.[12]

　　1. 스톤헨지 – 영국 솔즈베리

　　2. 피사의 사탑 – 이탈리아 피사

　　3. 콜로세움 – 이탈리아 로마

　　4. 성 소피아 성당 – 터키 이스탄불

　　5. 만리장성 – 중국

　　6. 콤 엘 쇼카파의 카타콤 – 이집트 알렉산드리아

　　7. 영곡탑(자기탑) – 중국 난징

　중세의 세계 7대 불가사의 첫 번째 목록은 영국 월트셔(Wiltshire) 솔즈베리(Salisbury)에 있는 '스톤헨지'(Stonehenge)이다. 스톤헨지는 전 세계적으로

스톤헨지 (영국 월트셔 솔즈베리) _Stefan Kühn 사진

유명하며 1986년 유네스코 세계유산으로 등재된 이후부터는 유네스코 세계유산 유적지로도 매우 상징적인 곳이다. 스톤헨지는 신석기 시대와 청동기 시대에 선사 시대 사람들이 지은 것으로 알려져 있지만 누가, 무엇을 위해 지었는지는 여전히 미스터리로 남아 있다. 스톤헨지는 지구상에서 가장 오래되고 가장 잘 보존된 거석 구조물 중 하나이다.[13] 색슨족에 의해 명명된 스톤헨지는 돌을 위미하는 '스탄'(stan)과 돌쩌귀를 의미하는 '헹그'(hencg)라는 고대 영어 단어에서 유래한 것이다.

두 번째는 갈릴레이가 낙하의 법칙을 실험했다는 사탑인 이탈리아 피사에 있는 '피사의 사탑'(Torre di Pisa)이다. 피사의 사탑은 피사의 두오모 광장(Piasa del Duomo)에 있는 여러 건축물들 가운데 가장 인기 있는 종탑으로, 탑이 한쪽으로 기울어져 있는 것으로 유명하다. 피사의 사탑으로 인해 두오모 광장에 있는 두오모 대성당, 세례당, 납골당 또한 많은 사람들에게 사랑을 받고 있다. 피사의 두오모는 피사의 사탑으로 가장 널리 알려져 있지만, 특히 그곳은 동양과 서양이 결합되고 합리적인 엄격함에 있어 범세계적이며 유대교와 이슬람교 모두에게 편안함을 주는 독특한 곳으로도 유명하다.[14]

피사의 사탑은 비잔틴 양식으로 건축되었고 높이는 58m이다. 탑은 1년에 약 1mm정도씩 기울어져 지금은 5.5도 정도 기울어져 있다. 이를 우려한 이탈리아 정부는 1990년에 대대적인 보강 공사를 진행하여 기우는 쪽의 암반에 약 700톤에 달하는 납을 심었고, 2000년까지 강철 로프로 원래의 모습으로 복원하려고 노력하여 약 40cm가 다시 돌아왔다. 그런데, 아이러니하게 이로 인해 관광객들의 발길이 끊어지자 복원 공사를 중지하였다. 피사의 사탑 둘레에 있던 도로도 똑같은 각도로 기울어져 있다. 피사의 사탑은 독립적인 건축물이 아니라 근처에 있는 피사의 두오모 대성당의 끝부분에 붙어 있는 것이다.

피사의 사탑 (이탈리아 피사) _Saffron Blaze 사진

피사의 사탑이 기울어진 가장 큰 이유는 꼭대기에 있는 종 때문이라고 한다. 왜냐하면 이 종의 무게가 6톤이 넘기 때문이다. 현재는 이 종이 절대 움직이지 못하도록 T자형 철골로 고정시켜 놓은 상태이다.

세 번째는 이탈리아 로마(Rome)에 있는 '콜로세움'(Colosseum)이다. 콜로세움은 고대 로마를 상징하며, 이 경기장의 정식 이름은 '플라비우스 원형경기장'이다. 콜로세움은 70~72년경 로마 제국의 플라비우스 왕조의 베시파니아누스(Vespasianus) 황제 통치 당시에 건축이 시작되어, 그의 아들 티투스(Titus) 황제 때에 완성되었다. 총 5만 5천여 명을 동시에 수용할 수 있는 대규모의 경기장이 고대 로마 시대에 건축되었다는 것은 고대 로마의 건축 기술이 얼마나 대단했는지를 알게 해 주는 증거이다.

콜로세움은 문의 윗부분을 무지개 모양으로 반쯤 둥글게 만든 80여 개의 아치문을 통해 관중들이 입장하는 데 30분, 퇴장하는 데 불과 15분밖에 걸리지 않는다고 한다. 오늘날 콜로세움은 지진과 돌 강도로 인한 피해와,

콜로세움 (이탈리아 로마) _Diliff 사진

중세 시대 교회를 건축하는 데 재료로 쓰이기 위해 외벽 절반 이상이 뜯겨져 많이 훼손된 상태이다.

네 번째는 터키 이스탄불(Istanbul)에 있는 '성 소피아 성당'(Hagia Sophia)이다. 성 소피아 성당은 아시아와 유럽, 그리고 기독교와 이슬람이 함께 공존하는 매우 특별한 건물이다. 현재 성 소피아 성당이 있는 터키 이스탄불의 원래 이름은 비잔티움(Byzantium)이었다. 동로마 제국을 세운 콘스탄티누스(Constantinus) 황제가 비잔티움을 콘스탄티노플(Constantinople)이라 바꾸고, 그곳에 성 소피아 성당을 세운 것이다. 콘스탄티누스 황제가 세운 성 소피아 성당은 동로마의 상징으로 404년까지 '위대한 교회'로 남아 있었다.[15]

지금의 성 소피아 성당 건물은 532년 일어났던 '니카의 반란'(Nika riots, 동로마 제국의 수도 콘스탄티노플에서 약 일주일에 걸쳐 일어났던 동로마 제국 역사상 가장 큰 규모의 반란으로, 이로 인해 성 소피아 성당을 비롯한 수많은 건물이 파괴되었으며 결국 3만 명 이상이 죽임을 당한 후 유스티니아누스 황제의 진압으로 끝이 났다.)으로 인

성 소피아 성당 (터키 이스탄불)_Arild Vågen 사진

해 불타 버렸던 것을 유스티니아누스(Justinianus) 황제가 다시 재건한 것이다. 성 소피아 성당은 로마 제국 황제의 대관식과 전쟁 승리 기념식 등의 행사 때에 사용되었으며, 정사각형의 벽 위에 원형의 돔을 올려 놓은 아름다운 비잔티움 건축 양식으로 건축되었다.

그 후 동로마 제국의 수도였던 콘스탄티노플은 1453년 오스만 제국의 술탄 메메드 2세(Muhammad II)에게 함락되어 1930년부터 공식적으로 도시의 이름이 이스탄불로 바뀌었다. 성 소피아 성당은 오스만 제국의 술탄 메메드 2세에 의해 건물 꼭대기에 세워져 있던 십자가만 초승달로 바뀐 채 성당에서 이슬람 사원으로 그 용도가 변경되었다. 현재 박물관으로 사용되고 있는 성 소피아 성당은 화재, 지진 등으로 상당 부분 파손되기는 했지만, 아직까지도 세계적으로 손에 꼽히는 위대한 건축물로 평가받고 있다.

다섯 번째는 아직도 그 길이를 정확하게 다 알 수 없다는 중국의 '만리장성'(Great Wall of China)이다. 만리장성은 중세의 세계 7대 불가사의 목록에도

만리장성 (중국 금산령 장성) _ Severin.stalder 사진

들어 있고, 이후 살펴볼 현대의 세계 7대 불가사의 목록에도 들어 있다. 만리장성은 중국이 방어를 위해 세운 구조물로 중국과 이민족을 분리하기 위해 세운 인공 성벽이다.

만리장성은 대략 6,300km(중국의 계산 방식으로 '만 리'인 12,600리)에 달하며, 최초로 만리장성을 쌓기 시작한 것은 춘추 전국 시대이다. 그 후 진나라가 이를 이어받아 진시황(秦始皇)이 흙벽과 나무 방책, 그리고 쌓아 올린 바윗덩이로 이루어진 방어용 성벽 토목 공사를 하게 했고, 1368년 몽골족을 물리치고 권력을 잡은 명나라가 들어서면서 더욱 심혈을 기울여 만리장성을 축조했다.[16]

현재 남아 있는 만리장성 대부분은 명나라 때 지어진 것이다. 만리장성의 성벽은 망루와 막사를 포함하고 침략과 습격을 방지하기 위해 지어졌지만 일부 학자들은 그것이 정치적인 목적으로 지어졌다고 주장하기도 한다.[17] 만리장성은 세계에서 가장 긴 방어 시설로 1987년 유네스코 세계유산에 등재되었다.

중세의 세계 7대 불가사의 가운데 여섯 번째 목록은 이집트의 알렉산드리아(Alexandria)에 있는 '콤 엘 쇼카파의 카타콤'(Catacombs of Kom el Shoqafa)이다. '콤 엘 쇼카파'는 '조각 더미'라는 뜻인데, 이는 이 카타콤 발견 당시 그곳에 '테라코타'(구운 흙) 조각들이 있었기에 붙여진 이름이다. 그리고 '카타콤'은 라틴어로 '무덤들 가운데'라는 뜻이다. 그러므로 '콤 엘 쇼카파의 카타콤'은 '이집트 알렉산드리아에서 구운 흙 조각들과 함께 발견된 지하 묘지"라고 할 수 있다.

카타콤이 생겨난 이유는 'A.D.64년 로마 대화재 사건' 이후 로마 제국이 기독교를 박해했기 때문이다. 당시 기독교인들은 로마 제국의 박해를 피해 함께 모여 예배와 성찬을 거행하고자 지하 묘지로 숨어들어 갔다. 지하 묘지의 크기는 각각 달랐지만 서로 연결된 넓고 어두운 곳으로, 오랜 시간 후

콤 엘 쇼카파의 카타콤 (이집트 알렉산드리아)_Roland Unger 사진

기독교인들이 그곳에서 나올 때에는 거의 장님이 되었을 정도였다고 한다. 이집트 알렉산드리아에서 발견된 '콤 엘 쇼카파의 카타콤'에서는 10평 정도의 작은 지하 묘지에서 400여 명 정도가 모여 예배와 성찬을 거행했던 것으로 보이며 그들 가운데 3분의 1가량이 전염병으로 죽었다고 알려져 있다.

 일곱 번째는 중국 난징에 있는 '영곡탑'(Porcelain Tower of Nanjing)이다. 15세기 명나라 시대에 건축된 영곡탑은 중국의 탑 가운데 가장 아름다운 탑으로 널리 알려져 있었다. 영곡탑은 전통적인 목재나 돌이 아닌, 도자기 벽돌로 만들어져 눈에 더 띄었다고 한다.[18]

 그런데 19세기 '태평천국의 난'(명청전쟁 이래 19세기에 일어난 중국 역사상 가장 치열했던 대규모 내전으로, 이 전쟁으로 인해 2천만 명에서 7천만 명 정도가 죽은 것으로 추산되며 난민이 된 사람들도 수백만 명에 이르렀다.) 때에 영곡탑은 대부분 파괴되었으며, 현재는 그 모습이 난징에 복원되어 있다. 복제품이 만들어지게 된 것은 2010년에 중국의 한 사업가가 난징시에 영곡탑을 복원하기 위해

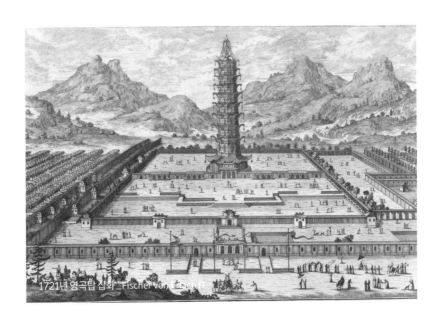
1721년 영곡탑 삽화_Fischer von Erlach 作

1억 5,600만 달러를 기부했기 때문이다. 이 금액은 중국 역사상 개인이 낸 기부금 중 가장 많은 액수이며, 2015년부터 복원된(복제품) 영곡탑이 대중들에게 개방되고 있다.

✿

현대의 세계 7대 불가사의

2007년 7월 7일 스위스의 영화 제작자, 저술가, 탐험가, 박물관 큐레이터, 그리고 항공기 조종사인 베르나르드 베버(Bernard Weber)는 우리가 지금까지(고대와 중세) 알고 있었던 세계 7대 불가사의는 더 이상 의미가 없으므로 이제 새로운 세계 7대 불가사의를 선정하겠다며 포르투갈 리스본의 한 경기장에서 '새로운 세계 7대 불가사의'를 전 세계인이 지켜보는 가운데 생중계로 발표했다.

베르나르드 베버가 고대와 중세의 세계 7대 불가사의에 대해 더 이상 의미가 없다고 생각했던 이유는, 세계 7대 불가사의라고 알려져 있는 대다수의 유적지들이 전쟁과 지진 또는 자연적인 재앙으로 파괴되었다는 것을 여행을 통해 알게 되었기 때문이다. 그와 같은 이유로 베르나르드 베버는 '사람들이 자신들의 문화와 다른 문화들에 대해 눈을 뜰 수 있기를 바라는 마음'에서 '새로운 7대 불가사의(New 7 Wonders) 재단'을 설립했다.[19]

베르나르드 베버가 주도한 '새로운 세계 7대 불가사의' 목록은 1999년부터 전 세계 사람들에게 200여 개의 불가사의한 곳 후보를 접수받아 인터넷과 휴대전화를 통해 전 세계 1억여 명의 여론 조사를 거쳐 결정한 것이다.

베르나르드 베버는 '새로운 7대 불가사의'(New 7 Wonders) 목록 선정을 위한 작업을 시작하면서 '문화유산은 우리의 미래'(Our Heritage is Our Future)라는 모토(motto)를 내걸었고, '새로운 7대 불가사의 재단'은 후보 선정 기준을 '인류 역사가 시작된 이래 기원후 2,000년까지 인간들이 지구상에서 만든 모든 건축물로 정한다.'라고 발표했다. 그러나 건축물이라 해서 모두 선정 후보가 되는 것은 아니었다. 예술적, 건축적으로 높은 가치를 지녀야 하며 경이로운 기술과 공법이 적용된 것이라야 했다. 또한 건축 당시의 의도를 살필 수 있을 정도로 보존 상태도 양호해야 했다. 세계 7대 불가사의의 지리적 위치는 문제되지 않았지만 세계 각국의 문화적, 사회적 다양성을 보여 줄 수 있으면 더욱 좋다는 의견도 제시했다. 후보 선정에 관여하는 전문가 그룹 위원도 지역을 고려해 안배했는데 그것은 선정 과정의 객관성을 확보하기 위함이었다.

'새로운 7대 불가사의 재단'은 당초 77점을 선정 후보로 제시했으나 전 세계를 대상으로 한 인터넷 투표가 6년여 동안 진행되면서 100여 점의 문화유산이 새롭게 후보로 떠올랐고, 2006년 1월에는 그 가운데 가장 높은 지지

율을 얻은 21점을 최종 후보로 압축했다. 그로부터 1년 반 뒤인 2007년 7월 7일 최종 결과를 발표했다. 투표에 참여한 인원은 228개국에서 약 1억 명이었다. (정확한 수는 밝혀지지 않았다.) 투표에 참여한 참가자 수로 보면 중국(전체의 약 40.5%), 인도, 멕시코, 브라질 미국 순이었고 나머지 국가에서도 적지 않은 사람들이 참여했다.[20]

그런데 이렇게 결정된 현대의 세계 7대 불가사의 선정은 과학적·고고학적 가치보다는 대중적인 인기에 의해 결정된, 그리고 객관성이 결여된 온라인 투표로 결정했다는 점에서 공정성 논란이 제기되기도 했다. 어쨌든 새롭게 현대의 세계 7대 불가사의의 목록에 들어가게 된 유적지는 다음과 같다.[21]

> 1. 만리장성 – 중국
> 2. 치첸이트사 – 멕시코의 유카탄주
> 3. 페트라 – 요르단
> 4. 마추픽추 – 페루
> 5. 예수상 – 브라질 리오데자네이루
> 6. 콜로세움 – 이탈리아 로마
> 7. 타지마할 – 인도

현대의 세계 7대 불가사의 첫 번째 목록은 중국의 '만리장성'(Great Wall of China)이다. 만리장성은 중세의 세계 7대 불가사의에서 이미 소개했음으로 여기서는 설명을 생략하겠다. 다만 만리장성이 현대의 세계 7대 불가사의 목록에, 그것도 제1위로 들어가게 된 것은 중국 네티즌들의 막강한 성원이 있었기 때문이었을 것이다.[22]

두 번째는 멕시코의 유카탄(Etat de Yucatan) 티눔(Municipalité de Tinum)에

있는 '치첸이트사'(Chichen-Itza)이다. 치첸이트사는 약 6~11세기경에 세워진 것으로 추정된다. 여러 가지 중요한 기념물과 신전이 세워져 있다. 마야 문명의 최대 유적지이자 전사의 릴리프가 새겨진 돌기둥에 둘러싸여 '천 기둥의 신전'이라고도 불리는 마야의 '치첸이트사'는 마야어로 '이차족의 우물 입구'라는 뜻이다.

마야(Maya)는 고대 멕시코와 과테말라를 중심으로 번성한 인디오를 지칭하는 것이고, 마야 문명은 그들이 이룩한 문명을 말한다. 멕시코의 치첸이트사는 마야의 천문학 능력에 대한 증거라고 볼 수 있다. 치첸이트사에서 가장 주목할 만한 것은 계단식 피라미드 엘 카스티요(El Castillo)이다. 이는 총 365개의 계단(태양년의 일수)을 특징으로 한다.[23]

고대의 문명인 마야 문명은 현재 중앙 아메리카의 멕시코 남부 치아파스 주에서 과테말라, 유카탄 반도의 전역과 온두라스 일부에 퍼져 있다. 치첸이트사는 사람이 살았던 흔적이 없는, 신전 도시로 알려져 있다.

세 번째는 요르단의 고대 도시 '페트라'(Petra)이다. 역사에서 오랫동안

치첸이트사 (멕시코 마야 유적지, 유카탄 주 남중부)
_Luka Peternel 사진

페트라의 알카즈네 (요르단 암만)
_Graham Racher 사진

사라졌던 고대 도시 페트라는 1812년 스위스 출신의 부르크하르트(Johann Ludwig Burckhardt)가 이를 발견함으로 세상에 다시 나오게 되었다. 페트라에는 8km에 걸쳐 건설된 수많은 주거지와 무덤, 극장, 신전, 목욕탕, 극장, 장터 등이 존재하고 있다.

페트라는 기원전 400년경에 아라비아 반도에 정착한 유목 민족인 나바테아 왕국의 주민인 나바테아인(Nabataean)의 종교적 중심지이자 수도였다. 해발 950m에 위치한 페트라는 주변에 높고 가파른 암벽들이 어두운 골짜기를 형성하고 있어서 접근이 어려웠기 때문에 적의 침입으로부터 안전했다. 페트라는 기원전 5세기부터 기원후 2세기 사이에 전성기를 누렸는데 당시 페트라의 인구는 3만 명이 넘는 정도였다고 한다.

페트라는 골짜기가 워낙 좁아 큰 규모의 건물을 세울 수 없는 곳이었다. 그래서 도시의 백성들은 바위 속으로 들어가 바위를 깎아 무덤과 주거지를 만들었다. 다행히 페트라의 암석은 파거나 조각하기 쉬운 사암이었다. 현재까지 페트라에서는 800여 개의 주거지와 무덤이 발견되었다. 페트라가 전 세계적으로 유명하게 된 계기는 1989년 영화 〈인디아나 존스〉의 세 번째 시리즈인 〈인디아나 존스 – 최후의 성전〉(Indiana Jones and the Last Crusade)에 페트라가 배경으로 나왔기 때문이다.

네 번째는 페루의 '마추픽추'(Machu Picchu)이다. 잉카 문명의 대표적인 유적지이자 페루의 상징인 마추픽추는 1911년 미국의 대학교수인 하이램 빙엄(Hiram Bingham)에 의해 발견되기 전까지는 첩첩산중에 숨겨져 있던 비밀의 도시였다. 잉카 제국의 유적들은 대부분 에스파냐(스페인)에게 정복된 이후 파괴되어 사라졌는데 마추픽추는 놀랍게도 원형 가까이 보존된 채 발견되어 세계인들을 놀라게 했다.

해발 2,430m에 자리하고 있는 마추픽추는 에스파냐에게 정복된 이후 5세기 동안이나 정글 안에 묻혀 있었음에도 건물들의 지붕을 제외하고는 거

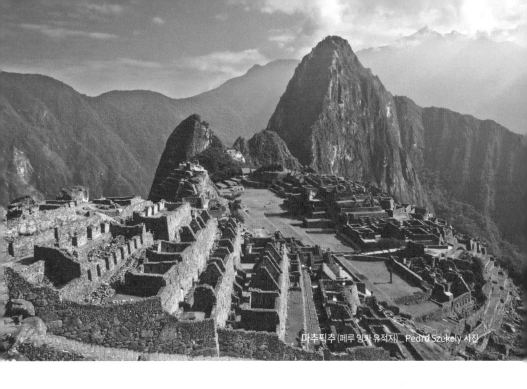

마추픽추 (페루 잉카 유적지) _ Pedro Szekely 사진

의 훼손되지 않은 채 발견되었다. 울창한 나무숲과 뾰족한 봉우리들, 그리고 신성한 계곡으로 불리며 우기에는 통과할 수 없을 만큼 지형이 험한 퐁고 보에니케 골짜기가 마추픽추를 외부 세계와 격리했기 때문이다.

이렇게 발견된 마추픽추를 사람들은 '잃어버린 공중 도시'라 부르며, 전 세계에서 여행자들이 이곳을 보기 위해 모여들고 있다. 마추픽추는 에스파냐 침략 이후 에스파냐인들을 피해 황금을 가지고 건설한 잉카인들의 최후의 도시였다는 주장, 종교적인 이유로 건설된 도시였다는 주장, 잉카 왕족의 여름 피서를 위한 별장이었다는 주장, 순례지였을 것이라는 주장 등 다양한 설이 제기되고 있지만 정확한 진실은 아직 밝혀지지 않고 있다.[24]

다섯 번째는 브라질의 '예수상'(Christ the Redeemer)이다. 1932년 프랑스에서 만들어진 후 브라질로 옮겨 조립된 거대한 예수상은 브라질의 리우데자네이루시(市) 코파카바나 해안 맞은편에 위치한 코르코바도산 정상에 세

거대 예수상 (브라질 리우데자네이루)
_Sean Vivek Crasto 사진

워져 있다. 브라질에 거대한 예수상이 세워지게 된 것은 제1차 세계대전 직후 일부 브라질인들이 '신을 믿지 않는 흐름'을 두려워했기 때문이다. 거대한 예수상은 높이는 30m, 뻗은 팔의 길이는 28m로 세계에서 가장 큰 예술 작품 조각품으로 꼽히고 있다.[25]

여섯 번째는 이탈리아 로마의 '콜로세움'(Colosseum)이다. 콜로세움은 중국의 만리장성과 함께 중세와 현대에 모두 세계 7대 불가사의 목록에 오르는 영광을 얻었다. 콜로세움도 중세의 세계 7대 불가사의에서 이미 소개했으므로 여기에서는 생략하겠다.

현대의 세계 7대 불가사의 가운데 일곱 번째 목록은 인도의 '타지마할' (Taj Mahal)이다. 타지마할은 징기스칸의 후손인 무굴 제국 황제 샤 자한(Sha Jahan, 1628~1658)이 아내 뭄타즈 마할(Mumtaz Mahal, 1592~1631)을 기리기 위해 지은 영묘이다.

'세계의 왕'이라는 칭호를 얻었던 무굴 제국의 5대 황제 샤 자한은 어느 날 시장에서 자질구레한 장신구를 팔고 있던 열아홉 살의 처녀 바누 베감을 보고 한눈에 반해 왕비로 맞아들였다고 한다. 그녀를 너무나도 사랑했던 황제는 그녀에게 '궁전의 꽃'이라는 의미의 '뭄타즈 마할'이라는 이름을 지어주었다. 그러므로 타지마할은 '마할의 왕관'이라는 뜻이다. 황제의 하렘에는

5,000명의 후궁이 있었지만, 샤 자한이 사랑한 여인은 오직 뭄타즈 마할뿐이었다고 한다.

뭄타즈 마할의 미모는 몹시 아름다워서 심지어 달도 부끄러워서 그녀 앞에서는 숨어 버렸다는 말이 전해질 정도였다. 왕비가 된 뭄타즈 마할은 샤 자한의 통치 기간 동안 국가의 행정 분야에서도 중요한 역할을 감당했으며, 사회복지 활동에도 적극적이었고, 억눌리고 가난한 백성들에게 훌륭한 안식처가 되어 주었다고 한다.[26]

뭄타즈 마할은 열네 명의 아이들을 출산했다. 열네 번째 아이를 임신하고 있었을 때에 샤 자한과 함께 영토 확장을 위한 원정길을 함께하던 중 아이를 낳다가 세상을 떠났다. 이에 몹시 상심한 샤 자한은 본국으로 돌아온 후 백성들에게 2년 동안 왕비를 추모하는 기간을 갖게 했다. 그럼에도 불구하고 날이 갈수록 뭄타즈 마할을 향한 샤 자한의 그리움은 더욱 깊어 갔고, 마침내 그는 세상에서 가장 화려한 무덤을 만들기 시작했다.

타지마할은 1632년경에 착공을 시작해 1643년경에 완공되었고, 1649년경에는 주변 부속 건물까지 모두 완공되었다. 이 모든 건축이 끝나는 데 총 22년의 세월과 2만 명이 넘는 인력이 동원되었다.[27] 동화 속 마법의 성이나 사막 위 신기루와 같은 환상을 보는 듯한 기분이 들게 할 정도로 타지마할은 아름답다. 샤 자한은 타지마할이 완성된 직후 사람들이 이보다 더 아름다운 건축물을 만들 것을 염려해 공사에 참여했던 모든 사람의 손목을 잘랐다고 알려져 있다. 그리고 샤 자한은 죽기 전까지 매주 금요일마다 뭄타즈 마할의 무덤을 찾았다고 한다.

한편, 최종 결정에서 탈락하기는 했지만 현대의 세계 7대 불가사의 유력한 후보로 거론되었던 캄보디아의 앙코르와트, 칠레의 이스터섬 석상, 그리스의 아크로폴리스, 터키의 성 소피아 성당, 시드니의 오페라 하우스 등도 '기적에 가까울 정도로 놀라운 인공 구조물이나 자연 경관에 꼽히는 곳'이라고 할 수 있다.

이처럼 세계의 7대 불가사의는 고대에 '세계의 7대 경관'으로서 첫 목록을 작성한 이래 '중세의 세계 7대 불가사의'와 현대의 '새로운 세계 7대 불가사의' 등 다양한 버전으로 이어져 내려왔다. 특히 현대의 '새로운 세계 7대 불가사의'는 전 세계의 대중이 참여한 대단한 일이었다. 오늘날 세계 7대 불가사의는 전 세계의 사람들에게 경이로움, 미스터리, 흥분의 장소가 되고 있으며 평생의 소원이자 죽기 전에 꼭 가보고 싶은 '버킷 리스트'(Bucket list)가 되고 있다. 하지만, 세계 7대 불가사의에 대한 '지나친 과대광고'는 전 세계유산에 대한 과대광고라는 지적을 받기도 한다.

❁

현대의 세계 7대 불가사의와 유네스코 세계유산의 차이

유네스코는 다시는 세상에 홀로코스트와 같은 비극이 일어나지 않도록 세계가 함께 협력한 결과로 일어난 단체이다. 세계 평화는 저절로 존재하는 것이 아니라, 세계가 함께 협력하여 만들어가는 것이다. 그 일환으로 유네스코가 탄생한 것이다. 그렇다면 현대의 세계 7대 불가사의와 유네스코 세계유산은 어떻게 다른가? 먼저 정리할 것은 현대의 '새로운 세계 7대 불가사의'는 모두 유네스코 세계유산으로 등록되어 있다는 점이다. 하지만 세계 7대 불가사의와 유네스코 세계유산은 본질적으로 다른 성격을 가지고 있다고 보아야 한다. 그 본질을 한마디로 정의하자면, 현대의 세계 7대 불가사의는 대중들이 투표한 결과로 선정된 것이고, 유네스코의 세계유산은 대중보다는 전문가들이 함께 정한 열 개의 유네스코 세계유산 기준에 의해 선정되었다는 것이다. 여기에 차이점이 있다.

현대의 세계 7대 불가사의는 필로의 목록 작성, 특정 조직의 목록 작성, 그리고 대중의 투표 등을 통해 오랜 기간 동안 '세계 7대 불가사의' 목록으로 작성된 것이다. 즉, 현대의 세계 7대 불가사의는 오랜 시간 쌓인 정보 위에 사람들이 추천하거나 인기 있는 관광지를 기준으로 그 목록이 작성된 것이다. 물론 유네스코 '세계유산목록' 또한 전 세계의 유산을 집계하여 그 가운데에서 채택하여 선정한 것이다. 그러나 유네스코의 업무와 기준은 관광 및 문화 유적지를 부각하고 보호하는 데에 그치지 않는다. 유네스코는 지정한 세계의 유산을 보존하고 보호하기 위해 노력하며 자연, 복합, 무형, 기록 등 다른 유형의 유산까지 모두 포함하여 보존하고 보호하고자 한다.

유네스코는 세계유산협약에 따라 유네스코 세계유산을 선정한다. 유네스코는 열 가지 평가 기준에 따라 해당 유산이 세계가 함께 보존, 보호해야할 '탁월한 보편적 가치'를 보유하고 있는지 그 여부를 따져 보고, 이에 따라 유네스코 세계유산의 등재 여부를 결정한다. 즉, 유네스코의 세계유산협약은 언론과 대중에게 더 많은 인기를 끌고 있는 현대의 세계 7대 불가사의와 같은 목록들에 비해 '보다 교육적이고 과학적인 접근 방식'을 가지고 있다.[28]

유네스코는 현대의 '새로운 세계 7대 불가사의' 목록을 작성하는 데 도움을 달라는 요청을 받았음에도 목록 선정에 참여하지 않았다. 그러나 위에서도 언급했듯이 현대의 세계 7대 불가사의 목록에 있는 유적지는 각각 다른 시기에 유네스코 세계유산에 모두 등록되어 있는 유적지들이다. 그러므로 유네스코 세계유산은 그 목적, 구조, 범위 및 능력 측면에서 현대의 세계 7대 불가사의에 비해 더 복잡하다고 할 수 있다.

왜 유네스코가 '탁월한 보편적 가치'를 강조하는지, 왜 유네스코가 국제 협력, 단결, 평화의 상징이 되었는지 그 이유를 이해하는 데 이 책이 도움이 되기를 바란다.

현대의 '세계 7대 불가사의'가 유네스코 세계유산으로 등재된 연도

- 1980년(1990년 연장) – 콜로세움 (이탈리아와 바티칸 시국, 로마 역사 지구 – 바티칸 시국의 유산들과 산 파올로 푸오리 레 무라 대성전)
- 1983년 – 타지마할 (인도)
- 1983년 – 마추픽추 (페루, 마추픽추 역사 보호 지구)
- 1985년 – 페트라 (요르단)
- 1987년 – 만리장성 (중국)
- 1988년 – 치첸이트사 (멕시코, 치첸이트사 선(先) 스페인 도시)
- 2012년 – 예수상 (브라질, 리우데자네이루 : 산과 바다 사이의 카리오카 경관)

Part 1 - 전쟁

유네스코가 만들어지기 이전의 세계

1918년 휴전 당시 영국 런던의 타워 브리지 부근에 전시된 U-155 _ 작자 미상 사진

나는 만 4살 때 아버지의 유학으로 온 가족이 모두 영국으로 건너가게 되어 영국에서 학교를 다니기 시작했다. 아버지께서 박사 학위를 취득하신 후 부모님은 한국으로 귀국하셨지만 나와 언니는 영국 목사님의 도움으로 영국에서 계속 공부할 수 있는 좋은 기회를 가지게 되어 결국 영국에서 박사 과정까지 공부를 할 수 있었다. 나는 초 · 중 · 고 대학, 그리고 석 · 박사 과정까지 모두 영국에서 교육을 받았고, 케임브리지대학교에서 고고학/유산학으로 박사 학위를 취득한 후 23년간의 영국 생활을 모두 정리하고 한국으로 돌아왔다. 그리고 지금은 서울대학교 아시아연구소에서 HK연구교수로 일하고 있다.

　　이미 언급한 대로 나는 한국 학교는 단 하루도 다녀본 적이 없다. 하지만 영국에서 온 가족이 함께 살았던 기간 동안 부모님은 우리 삼 남매가 모국어인 한국어를 잊지 않도록 집에서는 늘 한국어로 대화하게 하셨고, 한국어로 된 책들을 매일 읽게 하셨으며, 우리가 읽은 책의 내용을 한국어로 다시 설명하게 하셨다. 덕분에 우리 삼 남매는 영어만큼은 아니어도 한국어가 전혀 불편하지 않다. 그렇지만 어쩔 수 없이 나는 생각도, 꿈도 영어로 꿀 정도로 나에게는 영어가 훨씬 편하고 익숙한 언어이다.

　　이 이야기를 하는 이유는, 이제부터 유네스코 창설에 큰 영향을 미친 세계적으로 중요한 역사적인 사건인 '제1차 세계대전'과 '제2차 세계대전'을 말해야 하는데, 이 시점에 내가 영국에서 받았던 영국 교육을 언급하고 싶어서이다.

　　영국은 초 · 중 · 고 11년 과정(1학년에서 11학년까지) 동안 학교에서 key stage 1에서 key stage 4까지를 공부하게 되는데, 나는 여기에서 key stage 3 과정을 소개하고 싶다. key stage 3 과정은 7학년에서 9학년까지(우리로 치

Department
for Education

History programmes of study:
key stage 3
National curriculum in England

- challenges for Britain, Europe and the wider world 1901 to the present day
  In addition to studying the Holocaust, this could include:

  Examples (non-statutory)
  - women's suffrage
  - the First World War and the Peace Settlement
  - the inter-war years: the Great Depression and the rise of dictators
  - the Second World War and the wartime leadership of Winston Churchill
  - the creation of the Welfare State
  - Indian independence and end of Empire
  - social, cultural and technological change in post-war British society
  - Britain's place in the world since 1945

면 중학교 1학년에서 3학년까지)로, 이때 영국의 모든 학생은 커리큘럼 상 반드시 '제1차 세계대전'과 '제2차 세계대전', 그리고 '홀로코스트'(Holocaust, 제2차 세계대전 중 나치 독일이 자행한 유대인 대학살)를 공부한다.

나는 석사 과정(공공고고학) 중에 유네스코의 설립이 '제1차 세계대전', '제2차 세계대전'과 너무나도 밀접하게 관련되어 있다는 것을 배웠다. 몇 개 국가들의 지독한 정치 싸움으로 인해 세계는 두 차례에 걸쳐 전쟁을 치렀고, 두 번의 전쟁 이후 다시는 같은 사건을 반복하지 않겠다는 세계의 의지는 유네스코 설립으로 이어졌다. 여기에서 잠시 영국 런던에 있는 전쟁 박물관에 대해 설명하겠다.

9학년 때의 일이다. 당시에 나는 영국 옥스퍼드(Oxford)라는 도시에 살

영국 전쟁 박물관(Imperial War Museum) 홈페이지

고 있었다. 그해 어느 날 학교에서 단체로 버스를 타고 런던 엘리펀트 캐슬(Elephant Castle)에 있는 전쟁 박물관인 '임페리얼 워 뮤지엄'(Imperial War Museum)에 갔던 기억이 있다. 처음에는 하루 수업을 안 하고 친구들과 함께 런던에 간다는 생각에 그저 들떴던 것 같다. 선생님께서 우리의 방문지가 분명히 전쟁 박물관이라고 그렇게 진지하게 말씀하셨음에도 불구하고, 우리는 어린 마음에 그저 소풍이라고만 생각했었다.(참고로 임페리얼 워 뮤지엄(Imperial War Museum)은 14세 미만은 들어갈 수 없다.)

그렇게 신나게 친구들과 떠들며 도착하게 된 전쟁 박물관은 결국 우리를 진지한 모습으로 변모시키고 말았다. 나를 포함해 전쟁 박물관을 둘러본 모든 학생들은 제1차 세계대전과 제2차 세계대전이 빚은 전쟁의 참혹함을 담담하게 전시해 놓은 박물관의 전시를 보고 차츰 말을 잃어 갔다. 특히 4층 홀로코스트 특별전시관에 들어가서는 모두들 숙연해져서 손으로 입을 가릴 정도였다.

전쟁은 이론으로 배워서 알 수 있는 것이 아니다. 비록 전쟁을 경험하지는 않았지만, 전쟁의 기록들과 사진, 그 당시의 유물들(예를 들어, 산더미같이 쌓아 놓은 가스실에서 죽은 유대인들의 신발들)과 전쟁 중에 녹음된 긴박한 통화 내용 등을 통해 전쟁을 배울 수 있다. 전쟁 박물관 견학 수업을 통해 우리는 전쟁의 참혹함과 평화의 소중함을 깨달을 수 있었다.

전쟁 박물관을 다녀온 다음 주간 어느 날, 우리 학교에 특별한 손님이 방문해 9학년 학생들에게 수업을 해 주셨다. 그분은 홀로코스트에서 살아남은 연세 많으신 유대인으로 영국 전역을 다니면서 학생들에게 홀로코스트를 증언해 주시는 분이었다. 그분은 자신이 겪은 홀로코스트 경험을 우리에게 생생하게 전달해 주셨다. 그분의 강연에 학교 강당 안은 눈물 바다가 되었다. 그 후 우리는 홀로코스트에 대한 그림도 그리고, 에세이도 쓰면서 전쟁의 실상과 평화를 지키는 일에 대해 진지하게 스스로 생각하는 학생들이 되었던 것 같다.

참혹한 제1차 세계대전과 제2차 세계대전을 겪고 난 후, 세계는 인류가 공동으로 함께 지켜야 할 인류의 유산을 생각하며 평화를 기반으로 하는 유네스코라는 국제기구를 만들었다. 다시는 세상에 홀로코스트와 같은 비극이 일어나지 않도록 세계가 함께 협력한 결과로 일어난 단체가 유네스코인 것이다. 세계 평화는 저절로 존재하는 것이 아니라, 세계가 함께 협력하여 만들어 가는 것이다. 그 일환으로 유네스코가 탄생한 것이다. 두 차례에 걸친 세계대전으로 인한 전 세계인들의 공포가 아니었다면, 유네스코라는 국제기구와 유네스코 세계유산협약과 같은 기적 같은 일은 생기지 않았을 것이다.

이제 유네스코 이야기의 첫 번째 키워드인 '전쟁' 부분을 본격적으로 풀어 나가겠다. 앞서 말했듯이, 제1차 세계대전과 제2차 세계대전의 사건들과 세부 사항을 잘 알아야만 유네스코의 설립 과정과 초기 목적, 지향하는 방향 등에 대해 더 포괄적인 이해를 얻을 수 있기 때문이다.

세상을 바꾼 프란츠 페르디난트 대공 암살 사건

유네스코를 설립하게 된 배경 이야기를 하기 위해서는 한 인물의 암살 사건부터 다룰 필요가 있다. 한 명의 정치적 인물의 암살로 인해 세상에 놀라운 일이 일어났다. 그해 1914년은 역사상 그 이전에 볼 수 없었던 엄청난 규모의 세계적인 전쟁이 발발한 해이다.

이 전쟁은 1918년까지 4년간이나 지속되었고, 역사는 그 전쟁을 '제1차 세계대전'이라고 부른다. 어쩌다 '제1차 세계대전'이라고 명명할 정도의 세계적인 전쟁이 일어나게 되었을까? 물론 이 질문에 대해 '이것 때문이다.'라고 단순하고 명쾌하게 한마디로 답을 할 수는 없다. 거기에는 각 나라의 다양한 정치적인 요인이 있을 수밖에 없기 때문이다. 그럼에도 불구하고 '제1차 세계대전'이 일어나게 된 결정적인 이유를 꼽으라면, 1914년 프란츠 페르디난트 대공의 암살 사건을 들 수 있다.

〈프란츠 페르디난트 대공〉 프로필

이름 : Franz Ferdinand
　　　 Carl Ludwig Joseph Maria
출생 : 1863년 12월 18일
죽음 : 1914년 6월 28일 (만 50세)
직업 : 오스트리아-헝가리 대공
　　　 (황제 계승자)
부인 : 조피 호엔베르크 공작 부인

오스트리아의 프란츠 페르디난트 대공
_뉴욕타임즈 Carl Pietzner 사진

프란츠 페르디난트(Franz Ferdinand)는 오스트리아에서 오스트리아-헝가리 황제 프란츠 요제프(Franz Joseph)의 남동생인 카를 루트비히(Karl Ludwig) 대공의 장남으로 태어났다. 그는 황제 아들의 자살과 아버지의 죽음으로 황제 계승자가 되었다. 권력을 잡은 그는 먼저 국내 문제에 관해서 군주의 위치를 강화했다. 이어서 헝가리 내에서는 다른 민족들에 대해 마자르족의 위치를 약화시킬 수 있는 정치적 개혁을 구상했으며, 외교 면에서는 독일과의 동맹을 지키면서 동시에 오스트리아와 러시아 사이의 상호 이해를 회복하려 노력했다. 그리고 어떤 종류의 전쟁도 피하려 노력했다.

1914년 6월 28일, 페르디난트 대공은 아내 소피 호엔베르크(Sophie Hohenberg)와 함께 보스니아의 수도인 사라예보를 군사적 목적(열병식 참석)으로 방문했다. 페르디난트 대공 부부가 사라예보를 방문한 이유는, 1908년 오스트리아-헝가리가 보스니아와 헤르체고비나의 합병을 선언하면서 발칸반도의 긴장이 고조되어 있었기 때문이다.

사실 그 당시 세르비아(Serbia)는 발칸반도에서 슬라브족의 통일국가를 세우려 했었는데, 오스트리아-헝가리가 세르비아의 형제 나라인 보스니아와 헤르체고비나를 합병하면서 세르비아에는 반(反)오스트리아-헝가리(합스부르크) 감정이 확산되고 있었다. 그리고 당시의 국제 정세는 영국, 프랑스, 러시아의 3국 협상(Triple Entente)과 독일, 오스트리아-헝가리, 이탈리아의 3국 동맹(Triple Alliance)이 날카롭게 대립하고 있어 살얼음판과 같은 상황이었다. 이러한 미묘한 국제 정세 가운데 발칸반도에서의 문제들을 해결하고자 페르디난트 대공 부부가 보스니아의 수도인 사라예보를 방문했던 것이다.

황제 계승자의 지위로 보스니아의 수도인 사라예보를 방문한 페르디난트 대공 부부는 보스니아에 도착해서부터는 지붕이 열린 오픈카를 타고 사라예보 시내를 이동했다. 무슨 일이(특히 암살) 일어날 것이라고는 상상도 하지 못했기에 대공 부부의 이동 경로는 미리 발표되어 있었다. 사라예보의 시민들은 오픈카를 타고 모습을 드러낸 페르디난트 대공 부부에게 환호를 보냈다. 그런데 페르디난트 대공 부부가 아펠 키(Appel Quay)의 넓은 거리에 도달했을 때 세르비아의 민족주의자인 네드엘코 카브리노비치(Nedjelko Cabrinovic)가 페르디난트 대공 부부가 타고 있던 차를 향해 수류탄을 던지는 사건이 발생했다.

다행히 운전자가 차를 향해 날아오는 물체를 보고 속도를 높인 덕분에 수류탄이 차 후미에 맞고 튕겨 나가면서 페르디난트 대공 부부는 무사할 수 있었다. 하지만 수행원들과 그 주변에 있었던 여러 명의 시민들은 부상을 당했다. 페르디난트 대공 부부는 일단 시청에 도착해 영접 행사를 마친 후, 많은 사람의 만류에도 불구하고 부상당해 병원에 입원해 있는 수행원들과 시민들을 보러 가겠다고 일정을 변경했다. 때문에 황실 안전 책임자인 보스니아의 제독이 사라예보 시청에서 병원까지 페르디난트 대공 부부를 수행하게 되었다.

가브릴로 프린치프의 동상
(베오그라드 가브릴로 프린치프 공원) _ Ванилица 사진

페르디난트 대공 부부가 또다시 그들의 오픈카를 타고 병원으로 향하자 19살의 세르비아 민족주의 비밀 결사 요원인 가브릴로 프린치프(Garvilo Princip)가 이 기회를 놓치지 않고 페르디난트 대공 부부를 향해 총을 발사했다. 가브릴로 프린치프는 페르디난트 대공 부부 암살을 함께 도모한 여섯 명의 세르

비아 '검은 손'이라는 비밀 조직의 마지막 행동 대원이었다. 사라예보 시청에서 병원까지는 멀지 않은 거리여서 페르디난트 대공 부부는 방탄조끼도 입지 않은 상태였고, 그들의 차가 오픈카였기에 페르디난트 대공의 아내는 복부에 총을 맞고 그 자리에서 바로 죽었고, 페르디난트 대공은 그 직후 사망했다.

이 두 발의 총알은 프란츠 페르디난트 대공과 그의 아내 소피의 삶을 끝냈을 뿐만 아니라, 궁극적으로 '제1차 세계대전'과 그에 따른 모든 공포의 촉매제가 되었다(King and Woolmans 2013). 이렇게 프란츠 페르디난트 대공과 그의 아내는 보스니아의 수도 사라예보에서 '젊은 보스니아'(Mlada Bosna)라는 세르비아 민족주의 비밀 조직(검은 손)에 속한 19세 대학생 청년 가브릴로 프린치프(동료 5명이 같이 참여)에게 암살을 당했다.

프란츠 페르디난트의 암살은 이후의 세계 역사를 바꾸었다. 만약에 프란츠 페르디난트가 살아남았다면 아마도 그는 러시아와의 전쟁을 절대적으로 반대하고, 전쟁을 막기 위해 최선을 다했을 것이다. 가브릴로 프린치프가 전쟁을 막으려는 사람을 암살했던 것이다. 그 후 가브릴로 프린치프는 프란츠 페르디난트 대공 부부의 암살범임에도 불구하고 오스트리아 법에 따라 사형을 받기에는 너무 어리다는 이유(미성년자)로 20년형을 언도받고 감옥에서 수감하던 중 25세에 폐결핵으로 사망했다.

제1차 세계대전

페르디난트 대공 부부에 대한 암살 소식은 보스니아와 유럽 전역에 즉시 퍼졌다. 대다수 유럽인들은 이 일이 발칸반도에서 일어난 하나의 살인 사건

1918년 휴전 당시 영국 런던의 타워 브리지 부근에 전시된 U-155
_ 작자 미상 사진

일 뿐이라고 반응했지만, 한편에서는 이 사건의 정치적 파장에 대해 걱정하는 유럽의 정치 지도자들이 있었다.

앞서 언급한 대로 1910년까지 유럽의 주요 국가들은 '독일, 오스트리아-헝가리, 이탈리아를 중심으로 하는 3국 동맹'(Triple Alliance)이나 '영국, 프랑스, 러시아를 중심으로 하는 3국 협상'(Triple Entente)에 가맹함으로 크게 두 개의 세력으로 갈라져 있었다. 그리고 세르비아는 발칸반도에서 슬라브족으로 구성된 통일국가를 세우려 했던 것이 좌절된 상황이었다. 이러한 국제 상황 가운데 1914년 6월 28일 세르비아의 청년이 오스트리아 황제 계승자인 프란츠 페르디난트 대공 부부를 암살한 '사라예보 암살 사건'이 일어났던 것이다. 그러자 이에 대한 보복으로 오스트리아-헝가리 제국은 세르비아에 최후통첩을 보내 굴욕적인 조건을 제시하면서 이를 수락하지 않을 경우 전쟁도 불사하겠다고 선포했다.

이에 세르비아는 오스트리아-헝가리 제국의 요구를 거의 다 받아들였지만, 두 가지만은 거부하면서 이 문제를 국제 중재에 맡기자고 제의했다. 이에 오스트리아-헝가리 제국은 세르비아와 외교 관계를 단절하고 전쟁을 위한 부분 동원령을 내리는 것으로 결론을 냈다.

페르디난트 대공 부부가 암살당한 지 한 달째 되던 1914년 7월 28일 마침내 선전포고가 내려지고, 그 이튿날 세르비아의 수도 베오그라드를 향해 포격이 개시되었다. 이로 말미암아 결국 유럽 전체가 전쟁터가 되는 '제1차 세계대전'이 발발한 것이다.

세르비아를 향한 오스트리아-헝가리의 선전포고 소식을 접한 유럽의 여러 나라는 자국과의 이해관계를 계산하느라 서로 눈치를 보면서도 전쟁이 확산되는 것을 막아 보려고 노력했지만 이미 전쟁은 시작되고 말았다. '제1차 세계대전'은 이처럼 동유럽의 오스트리아-헝가리가 세르비아를 침공하면서 시작된 전쟁이었다(Williamson Jr. 1991:1).

1914년 7월 29일, 오스트리아-헝가리가 세르비아의 수도 베오그라드를 공격하자 러시아가 곧바로 군대를 동원해 세르비아를 지원하고 나섰다. 그러자 독일은 오스트리아를 포기할 것인가 아니면 열강과 싸울 것인가를 두고 고민하다가 결국 오스트리아의 입장을 지지하기로 결의한다.

독일군은 프랑스를 6주 이내에, 러시아를 6개월 이내에 제압할 수 있을 것으로 낙관했기 때문에 전쟁이 단기전으로 끝날 것이라 예상하고, 오스트리아-헝가리를 지원하면서 러시아에 대해서 선전포고를 진행했다. 그리고 독일군은 룩셈부르크와 벨기에를 침공하면서 프랑스로 진격해 갔다. 그러자 프랑스는 군대를 동원해 독일을 공격하면서 러시아를 지지하고 나섰다.

사태가 여기까지 흘러가자, 그동안 전쟁을 막아 보려고 최선을 다했던 영국은 독일이 이 전쟁에서 주도권을 잡는 것을 막기 위해 독일에 대해 선전포고를 했다. 그러자 독일은 진격을 중단했고, 영국과 프랑스 연합군은 참호전(전쟁터에서 몸을 숨기면서 적과 싸우기 위해 방어선을 따라 판 구덩이에 의지하여 벌이는 전투 행위)으로 전쟁을 펼치면서 결국 '서부전선'(제1차 세계대전 때 독일과 연합군이 격돌한 프랑스와 벨기에의 전선)은 1917년까지 이어지는 장기전이 되었다.

한편, '동부전선'(제1차 세계대전 때 독일과 오스트리아 동맹군과 러시아군이 대치한 전선)에서는 독일의 예상과는 달리 러시아군이 선전포고를 한 지 2주 만에 동프로이센 국경 지역에 집결했다. 러시아군은 초반에 승기를 잡으며 독일 국경까지도 넘어왔다. 그러나 독일군의 반격으로 러시아군은 다시 '동프로이센'(Ostpreussen, '오스트-프로이센'이라고도 불리는 독일 프로이센의 북동부에 있었던 주(州)를 일컫는다.)에서 철수하게 된다. 같은 시기에 세르비아의 수도 베오그라드 침공에 성공했던 오스트리아-헝가리군도 강력하게 저항하는 세르비아군의 반격으로 결국 후퇴하게 된다.

전쟁이 시작된 뒤 '오스만 제국'(Ottoman Empire, 1299년부터 1922년까지 소아시아 지방에 존재했던 이슬람 제국)은 독일이 러시아를 막아 줄 것이라고 판단하고 독일 동맹국에 합류했다. 그러자 영국과 프랑스를 중심으로 하는 연합국들은 참전한 오스만 제국에 대해서도 선전포고를 했다. 오스만 제국까지 전쟁에 참전하게 되면서 결국 이 전쟁은 코카서스와 메소포타미아와 시나이반도까지 확대되었다.

이렇게 전쟁이 계속되고 규모가 더욱 커지자 참호전으로 장기전을 펼치고 있던 '영국과 프랑스를 중심으로 하는 연합군'은 '독일 동맹군'(독일, 오스트리아-헝가리, 오스만, 불가리아)에 대해 총공격을 개시하기로 결정했다. 하지만 독일군의 방해로 영국만 작전은 제대로 수행되지 못했고, 독일은 서부전선 전체에 병력을 쏟아붓지 않고, 몇몇 중요한 지점을 선택해 집중 공략하는 전략을 세워 전쟁에 임했다. 그래서 프랑스 북동부 로렌에 있는 도시인 베르됭 주변에 있는 참호가 집중 공격의 대상이 되었던 것이다. 독일군은 약 6개월에 걸쳐 프랑스군의 참호를 공격한 끝에 마침내 베르됭 주변에 있는 참호들을 모두 초토화시켰다. 그러나 프랑스군이 다시 반격을 시작했고, 힘겹게 베르됭을 탈환할 수 있었다. 이것이 제1차 세계대전에서 가장 길고 격렬하며, 피비린내 나는 전투로 유명한 '베르됭 전투'(Battle of Verdun)이다.

그 후 독일군은 베르됭에서는 퇴각했지만, 계속해서 진격해 나갔다. 그러자 연합군은 신무기인 탱크를 전쟁에 도입했고, 프랑스 북부 '솜강'(Somme River)에서 치른 두 번의 '솜 전투'(Battle of the Somme)에서 합쳐서 60만 명이 넘는 연합군과 독일 동맹군이 한꺼번에 전사하는 끔찍한 일이 발생했다. 이처럼 육상에서 격돌한 연합군과 독일 동맹군 사이의 전쟁은 매우 치열했다.

반면 독일은 영국에 비해 해군력이 뒤떨어졌기 때문에 해전에서는 크게 싸우는 일이 많지 않았다. 때문에 '제1차 세계대전'에서의 해전은 독일 함대와 영국 함대가 덴마크 유틀란트반도 앞바다에서 한판 승부를 벌인 '유틀란트 해전'(Battle of Jutland)이 유일한 해전이다. '유틀란트 해전'은 영국 해군과 독일 해군이 서로 자신들이 승리한 전투라고 주장하는 해전이다. 독일은 상대적으로 피해가 적었고, 영국은 이 해전으로 북해의 제해권을 장악했기 때문이다.

'유틀란트 해전'에서 제해권을 확보하지 못한 독일은 북해에서 지중해까지 그 해역을 지나는 모든 선박에 대해 경고 없이 무차별 공격을 해 댔다. 그러다가 독일은 그동안 경제적 원조만 하면서 이 전쟁에 대해 중립을 지켜오던 미국의 '상선'(대가를 받고 사람이나 짐을 나르는 데 이용하는 배)을 공격해 침몰시키며 많은 미국인을 죽게 했다. 이 때문에 결국 미국까지도 이 전쟁에

1918년 11월 11일 휴전 협정 합의 후 촬영한 사진
_작자 미상 사진

참전하게 되었다.

미국이 참전하게 되자 연합군은 영국을 중심으로 다시 독일 동맹군에 대해 반격을 펼쳤고, 독일은 서부전선에서 밀리기 시작했다. 그 무렵 1917년 3월, 러시아에 '러시아 혁명'(Russian Revolution)이 일어나 황제 '니콜라이 2세'(Nicholas II)가 물러나고, '레닌'(Vladimir Ilich Ulyanov) 중심의 '볼셰비키 정부'가 들어서면서 러시아는 이 전쟁에서 빠졌다. 그리고 1918년 9월, 마케도니아 전투에서 패한 불가리아가 연합군에 항복하고, 한 달 뒤 오스만 제국까지 연합군에 항복하였다.

1918년 11월 3일에는 오스트리아-헝가리가 연합군에게 항복하고, 독일의 군항 '킬'(kiel)에서는 수병들이 출항을 거부하며 반란을 일으키게 되는데, 이 반란의 여파가 커지면서 결국 베를린에서도 혁명이 일어났다. 그 결과 그동안 왕권신수설을 주장하며 자발적인 퇴위를 거부했던 독일 황제이자 프로이센의 왕이었던 '빌헬름 2세'(Wilhelm II)가 왕좌에서 물러나 네덜란드로 망명하였다. 그러자 더 이상 전쟁을 치르기 어려워진 독일은 1918년 11월 11일에 마침내 연합군에게 항복하였다. 이로써 1914년부터 1918년까지 4년여 동안 32개국이 참여했던 '제1차 세계대전'이 마침내 끝이 났다.

전쟁의 후기 – 죽음, 파괴, 절망

1918년 11월 11일 독일의 항복 선언으로 전쟁이 끝나자, 세계는 그제야 자신들이 얼마나 큰 치명적인 피해를 입게 되었는지 깨달았다. '제1차 세계대전'은 세계에서 32개국이 참전해 4년여 동안 치렀던 전쟁으로 유럽, 아시아, 아프리카 및 아메리카 전역에 상상할 수 없는 파괴를 초래했기 때문이다(Byers 2018:5).

이 전쟁이 발발하기 전, 어느 누구도 전쟁의 기간, 피해, 그리고 국제적인 재난을 예측한 사람은 없었다. 프란츠 페르디난트 대공 부부에 대한 암살로 시위가 일어났고, 그 시위가 세계적인 규모의 전쟁으로 이어졌다. 그리고 그 여파는 실로 충격적인 결과를 낳았다. 그렇게 '제1차 세계대전'은 '20세기의 결정적인 사건'이 되었다(Lebow 2014:3).

세계 32개국이 참전한 '제1차 세계대전'으로 새로운 무기와 새로운 전투기술이 양산되었다. 이 전쟁에서 처음 등장한 잠수함, 항공기, 탱크, 대공포, 독가스, 기관총 등 각종 신무기들로 인해 전사자만도 9백만 명이 넘었다(Brezina 2006:4). 그리고 군인과 민간인들 모두를 포함하면 총 1,600만 명 이상이 제1차 세계대전 중에 사망했다.

'제1차 세계대전'은 사망자 숫자의 충격과 함께, 세계 도처가 폐허가 되는 심각한 결과를 남겼다. 여러 나라의 많은 도시에서 도로가 없어지고, 철도가 파손되었으며, 다리가 부서지고, 운하를 사용할 수 없게 되었다(Byers 2018: 6). 또한 "모든 수준의 의식에서 급진적인 불연속적 경험이 아니라면 아무것도 아니었다."(Leeds 1979:3)라는 전쟁의 경험을 깨닫게 해 주었다. 더욱이 전쟁은 동일성을 깨뜨렸다. 남자들은 전쟁의 기억으로 인해 정상적인 생활을 할 수 없게 되었고, 자신들 스스로를 사회로부터 '소외'시키게 되었다(Leeds 1979:4).

'제1차 세계대전'은 세계 최고의 경제 강국으로서 미국의 우위를 가속화했다. 또한 전쟁이 끝난 후, 승전국이 된 영국과 프랑스를 중심으로 한 연합군은 전쟁을 시작한 독일에 대해 한꺼번에 비난을 퍼부으며 독일을 코너로 몰았다(Joll and Martel 2007:1). '제1차 세계대전'에 참여한 32개국은 전쟁으로 인해 어느 나라 할 것 없이 국가적으로 모두 큰 손실을 입었지만, 그 가운데 특히 프랑스는 영토 파괴와 인명 손실로 가장 큰 피해를 입었다. 때문에 프랑스는 전쟁으로 인한 모든 피해에 대해 독일이 값을 지불해야 한다고 주장했다(Byers 2018:12). 영국 또한 전쟁에 대한 모든 손실에 대해 독일이 대가를 지불해야 한다고 프랑스의 주장에 동의하고 나왔다(Byers 2018:13).

'제1차 세계대전'이 끝난 후, 세계는 이 전쟁이 '모든 전쟁들을 끝내기 위한 전쟁'(The war to end all wars)이어야 한다고 선언했는데, 이것은 인류가 그렇게 치명적이고 끔찍한 갈등을 다시는 일으키지 말아야 한다는 것을 표명한 것이었다(Brezina 2006:7).

※

평화를 위한 세계의 노력

독일의 항복 후 두 달여 뒤인 1919년 1월 18일, 프랑스 파리에 32개국의 연합군 대표들이 모였다. 이때 '국제연맹 창립'과 같은 중요 결정과 패배한 5개국과의 강화조약 체결, 그리고 오스만 제국과 독일의 해외 영토를 영국과 프랑스가 위임 통치하는 문제, 독일에 대한 전쟁의 책임과 배상, 그리고 국경 재수립 논의 등을 위한 국제회의를 열었다.

그것이 바로 '파리강화회의'(Paris Peace Conference)이다(Slavicek 2010:8). 32개국의 연합국 대표들이 '파리강화회의'에서 참전국들의 이해관계를 정리했던 것이다. 바로 그 회의 석상에서 미국의 '윌슨 대통령'(Thomas Woodrow Wilson)의 연설이 있었다.

윌슨 대통령이 1919년 1월 18일 '파리강화회의' 연설에서 밝힌 '14개 평

〈윌슨 대통령〉 프로필

이름 : *Thomas Woodrow Wilson*
출생 : *1856년 12월 28일*
죽음 : *1924년 2월 3일*
역할 : 미국의 제28대 대통령
　　　(1913~1921년)

윌슨 대통령 1919년
_Harris & Ewing 사진

화 원칙'은 앞서 1918년 1월 8일 미국 양원 합동 회의에서 먼저 밝혔던 것
이다. 윌슨 대통령의 평화 원칙은 '본질적인 세계 평화를 위한 원칙'으로 제
국주의 시대의 서구 제국의 식민지 해체와 민족자결주의를 천명한 것이
다. 그는 강화조약의 공개와 비밀 외교 폐지, 공정한 국제 통상 확립, 군비
축소, 식민지 문제의 공평무사한 해결, '국제연맹 창설' 등을 주장했다. 윌
슨 대통령의 '14개 평화 원칙'은 '제1차 세계대전' 종식을 위한 평화 협상에
사용되었으며, 이것은 독일에게는 가장 굴욕적인 '베르사유 조약'(Treaty of
Versailles)의 기초가 되었다.

이렇게 '파리강화회의'는 윌슨 대통령의 '14개 평화 원칙'을 중심으로 전
쟁 후의 세계 평화를 논하며 국제연맹을 창설하자는 주제로 나아갔으나, 결
국은 전승국의 이익과 패전국에 대한 철저한 응징을 내용으로 하는 '베르사
유 조약'을 체결하며 종결되었다.

'베르사유 조약'은 1918년 10월에 전쟁이 막바지에 이르면서 독일이 연
합군에 휴전 협상을 요구하며 미국의 윌슨 대통령이 제안한 '14개 평화 원

칙'의 받아들이겠다고 선언하면서, 1919년 1월 18일 파리에서 열렸던 파리 강화회의에 이어 1919년 6월 28일 프랑스 파리 근교 베르사유 궁전에 있는 '거울의 방'에서 연합국과 독일이 맺은 전쟁 후 평화 협정이다. 베르사유 조약이 서명된 날짜(1919년 6월 28일)는 프란츠 페르디난트 대공이 암살된 지 정확히 5년 후였기 때문에 매우 중요하다.

독일의 항복으로 제1차 세계대전을 종결시킨 휴전 협정이 체결된 날은 사실 1918년 11월 11일이었지만, 공식적인 전쟁 후 맺은 강화조약인 '파리 강화회의'와 이어진 '베르사유 조약' 체결은 연합국 사이의 협상을 위해 6개월이 더 소요되었다. '베르사유 조약'에서 체결된 조약안은 독일의 전범 조항과 엄청난 배상액으로 인해 독일인들에게 적개심을 유발시킬 정도였다. 하지만 전쟁의 패전국인 독일은 모든 굴욕을 감수하고 일단 조약안을 받아들일 수밖에 없었다. '베르사유 조약'의 체결로 인해 독일은 모든 해외 식민지를 잃게 되었고, 알자스·로렌 지방을 다시 프랑스에게 양도했으며, 패전국으로 도저히 감당할 수 없는 엄청난 배상금을 물어야 했다.

'베르사유 조약'이 체결된 지 3개월 후인 1919년 9월, 파리 서쪽 생제르맹에서는 연합국과 오스트리아가 맺은 강화조약인 '생제르맹 조약'(Treaty of Saint-Germain)도 열리게 되었다. 이는 유고슬라비아, 폴란드, 헝가리, 체코슬로바키아의 독립과 영토를 넘겨주는 일, 그리고 군비 제한 등에 관한 강화조약을 맺기 위해

May 24, 1919

THE LITERARY DIGEST

Whole Number 1518
Vol. LXI No. 8

THE FOURTEEN POINTS

These were défined by President Wilson in an address to Congress on January 8, 1918. Summarized they are:

1. " Open covenants of peace, openly arrived at."
2. Freedom of the seas, in peace and war.
3. Equality of trade conditions.
4. Reduction of armaments.
5. Adjustment of colonial claims with reference to the wishes of the governed population.
6. Evacuation of all Russian territory.
7. Evacuation and restoration of Belgium.
8. Evacuation of French territory, restoration of Alsace-Lorraine.
9. Readjustment of Italy's frontiers along lines of nationality.
10. Autonomous development for the peoples of Austria-Hungary.
11. Independence of Roumania, Servia, and Montenegro.
12. Relinquishment of Turkish control over non-Turkish populations.
13. Erection of an independent Polish state, with free and secure access to the sea.
14. A League of Nations to guarantee independence and territorial integrity to great and small states alike.

OldMagazineArticles.com

1918년 1월 8일 미국 양원 합동 회의에서 발표한 윌슨 대통령의 '14개 평화 원칙'

Pres. Wilson reading his message to Congress

서였다. 이 조약을 통해 체코와 슬로바키아는 체코슬로바키아로 독립하였으며, 오스트리아는 세르비아(유고슬라비아), 루마니아, 폴란드, 이탈리아에게 영토를 넘겨주게 되었다.

'생제르맹 조약'로 인해 결국 오스트리아는 오스트리아―헝가리의 해체를 선언해야 했다. 이로 인해 오스트리아의 영토는 10분의 1로 줄어들었고, 인구는 4분의 1로 줄어들었으며, 독일과의 합병도 금지되었다. 그러자 오스트리아의 경제는 매우 약화될 수밖에 없었다.

1920년 8월에는 프랑스 파리 근교의 세브르에서 연합국과 오스만 제국 사이의 강화 조약인 '세브르 조약'(Treaty of Sèvres)도 체결된다. 이 강화 조약으로 오스만 제국은 영토의 반 이상을 내놓으면서, 결국 1922년 오스만 제국도 해체되고 만다. 그리고 1923년에 지금의 터키 공화국이 들어섰다.

이렇게 전쟁 후 강화조약들이 연이어 체결되면서 '제1차 세계대전'은 대략 정리가 되는 듯했다. 그런데 패전국 독일에 대해 너무나 가혹한 책임을

베르사유의 거울의 전당의 국가 원수들_William Orpen 作

물린 것과, 승전국에 속하면서도 제대로 된 보상을 받지 못했다는 불만을 가진 이탈리아로 인해 '제1차 세계대전'은 이후 더 큰 전쟁의 불씨를 남겼다.

연합국 대표들은 전쟁 후 강화조약인 '파리강화회의, 베르사유 조약, 생제르맹 조약, 세브르 조약과 같은 평화조약으로 전쟁을 성공적으로 잘 마무리하며 끝냈다고 생각했지만, 그들의 생각은 틀린 것이었다(Grimshaw 2008:1). 연합국 대표들이 전후에 일어날 장기적인 영향을 고려하기보다는 국경, 권력, 독일의 무장 해제에 대해서만 너무 몰두했던 것이다. 이 조약들은 평화를 조성하기로 결의한 것이었지만, 오히려 또 다른 재앙들을 낳고 있었다.

패전국인 독일은 '베르사유 조약' 제231조 "전쟁의 모든 책임이 독일과 그 동맹 세력에 있으므로 침략자들은 전쟁 중에 일어난 손실을 보상할 의무가 있다."라는 규정에 따라 해외에 있는 모든 식민지를 다 빼앗기고, 군대 재건에 엄격한 제약을 받게 되었다.

석탄 생산지인 자르(현 자를란트) 지역은 15년 후 국민 투표에 의해 그 귀속을 결정하도록 국제연맹에 위임되었고, 200만 마르크라는 무거운 전쟁 배상금을 강요받았다. 그리고 베르사유 조약이 체결된 지 3년 후인 1921년, 연합국은 독일에게 1,320억 마르크라는 배상 총액을 다시 제시했는데, 이

금액은 독일이 결코 지불할 수 없는 액수였다(Grimshaw 2008:1).

결국 독일이 배상금을 지불하지 못하자, 1923년 배상금 지불 불이행을 구실로 프랑스와 벨기에 군대는 독일의 루르(Ruhr) 공업 지대를 점령하였다. 그러자 독일 경제는 파탄에 이르게 되어 1933년 독일의 실업자 수가 600만 명에 이르렀다. 극심한 경제 침체와 정치적 혼란이 계속되자 독일 국민들은 '과거 독일의 영광을 되찾자'고 주장하는 히틀러의 나치당을 지지하게 되었고, 결국 히틀러가 정권을 장악하기에 이르렀다. 히틀러는 독일의 경제 회복을 빌미로 '베르사유 조약'을 무시하고 재군비를 추진하며 국제연맹과 군비축소회의에서 탈퇴할 것을 선언했다.

결국 '제1차 세계대전' 이후 연합국 측에서 평화를 위한 조약이라고 선언했던 그 조약들은 오히려 독일에서 파시즘과 히틀러의 부상을 허용한 결과가 되었고, 이 모든 문제들은 '제2차 세계대전'이 시작되면서 더 강력해졌다고 해석할 수 있다(Grimshaw 2008:2). 그러므로 평화를 위한 강화조약이었던 '베르사유 조약'은 파시즘과 히틀러의 부상을 허용하게 만든 아이러니한 조약이 되었다고 할 수 있다.

❀

국제연맹

'제1차 세계대전'이 끝나고 1920년, 미국 윌슨 대통령의 제창과 승전국인 영국과 프랑스 등을 중심으로 한 연합국들은 국제 평화와 안전 유지 및 경제·사회적 국제 협력을 위해 '국제연맹'(League of Nations)을 조직했다. '세계 평화에 대한 개념과 열망', 그리고 '국제연맹'을 만들기 위해 모였던 국가들의 행동은 이후 UN(국제연합)과 유네스코가 만들어질 수 있는 전제 조건이

1920년 11월 15일 제네바에서 열린 국제연맹의 첫 회의
_National Library of Norway 사진

되었다고 볼 수 있다. 또한 '국제연맹'의 설립은 '제1차 세계대전' 후 몇 안 되
는 실질적인 이득 중 하나라는 평가를 받는다. 그 이유는 '국제연맹'이 국가
간에 지속적인 평화가 있을 것이라는 희망의 상징이 되었기 때문이다(Henig
2019). 그러나 스위스 제네바에 본부를 두었던 '국제연맹'은 전쟁을 막는다는
원래 목적에는 큰 도움이 되지 못한 채, 1945년 UN(국제연합)이 창설되면서
1946년 해체되었다. 그리고 잘 알려진 바와 같이 '국제연맹'이 추구했던 국가
간의 평화는 '제2차 세계대전'이 발발하면서 산산이 부서져 버리고 말았다.

◈

제2차 세계대전

'제1차 세계대전'이 끝난 뒤, 전쟁이 남긴 상처들은 천천히, 그리고 서서
히 복구되는 중이었다. 1920년대 중반 대부분의 유럽 국가들은 경제를 회

복하고 제자리를 찾아가고 있었다. 심지어 미국은 '제1차 세계대전' 때에는 전쟁 물자 보급으로, 전쟁 후에는 각국에 전후 복구 자금을 대출해 줌으로써 미국 경제는 황금기를 누릴 정도였다.

그런데 그렇게 호황이던 미국의 경제가 1929년에 경제 공황이 일어나면서 주가가 폭락하며 증권시장이 붕괴되는 사태로 인해 그 경제 여건이 급변했다. 미국의 경제 공황은 소련을 제외한 전 세계로 확산되면서 결국 세계 경제 대공황을 불러오게 했다. 오스트리아, 독일, 영국 등에서는 은행들이 파산했고, 세계 각국은 경제 공황에서 벗어나려고 여러 가지 해결책을 마련하느라 정신이 없을 정도였다. 그 후 미국은 제32대 대통령으로 당선된 '루스벨트'가 펼친 '뉴딜'(New Deal) 정책으로, 영국과 프랑스는 자국과 식민지를 하나로 연결하는 '파운드 블록'(pound bloc)과 '프랑 블록'(franc bloc)으로 경제 공황을 차츰 극복해 나가기 시작했다.

하지만 자본주의 발달이 늦고 식민지가 적은 '독일, 이탈리아, 일본' 이 세 나라는 경제 공황 상태를 벗어나기 위해 미국, 영국, 프랑스와는 다른 그들만의 방법을 찾아야 했다. 그들이 찾은 방법은 '개인의 자유와 권리보다는 국가와 민족을 우선시'하는 '전체주의'와 극단적인 민족주의를 내세운 강력한 독재 정권을 탄생시키는 것이었다.

히틀러의 나치(Nazi, 히틀러를 당수로 한 독일의 파시스트당)가 권력을 잡은 독일은 '제1차 세계대전'이 끝나고 맺었던 평화조약인 '베르사유 조약'을 무시하고, 빼앗긴 식민지들을 되찾기 위해 다시 군대를 키워 독일 남서부의 라인란트 유역 비무장 지대를 점령했다. '제1차 세계대전'의 승전국이었으면서도 제대로 이익을 챙기지 못했던 이탈리아는 무솔리니의 파시스트(Fascist)당이 권력을 잡아 알바니아를 보호국으로 만들었으며, 일본은 조선을 식민지화하고, 중국의 만주를 점령하여 만주국을 건설하면서 태평양 제국을 건설하겠다고 나섰다.

폐허가 된 베를린
_ No 5 Army Film & Photographic Unit, Wilkes A (Sergeant) 사진

　독일과 이탈리아가 먼저 '제2차 세계대전'의 주역이 된 것은, 1936년 발생한 에스파냐 내전 때문이었다. 1936년, 에스파냐에서 내전이 일어나 양측 모두 외국에 도움을 청하는 일이 발생했다. 그러자 1936년 10월 독일과 이탈리아가 로마와 베를린을 연결하는 '추축'을 맺고, 소련에 대응한다는 명목으로 에스파냐의 내란에 개입해 국가주의자들 편에서 그들을 도왔다. 그러자 영국, 프랑스, 미국, 소련 등은 에스파냐의 공화파를 지원하며 독일, 이탈리아와 맞서게 되었다. 그리고 1936년 11월 독일은 소련 공산당의 국제 조직인 코민테른(Comintern)에 맞선다는 명목으로 일본과 반(反)코민테른 협정을 맺었다. 1937년부터 '독일, 이탈리아, 일본' 이 세 나라는 서로 합쳐 적을 막아 내자는 '3국방공협정'(Anti-Comintern Pact, 반코민테른 협정)을 체결하고 '추축국을 형성'하면서 '제2차 세계대전'의 한 축이 되었다.
　1938년 3월 독일의 히틀러는 오스트리아를 점령해 독일에 합병시켰고,

1939년에는 폴란드를 침공해 점령하려 했다. 당시 폴란드는 독일이 공격해 올 경우 프랑스와 영국의 군사원조를 보장받고 있었다. 하지만 히틀러는 이를 개의치 않았다.

히틀러는 폴란드 점령을 위해 소련과 비밀 협상을 벌여 1939년 8월 23~24일에 모스크바에서 '독소불가침조약(German-Soviet Nonaggression Pact)'을 맺었다. 독일과 소련은 폴란드를 동서로 나누어, 폴란드 영토의 1/3에 해당하는 서부는 독일, 나머지 2/3에 해당하는 동부는 소련이 차지하기로 합의를 했던 것이다. 그리고 1939년 8월 31일 낮 12시 40분, 히틀러는 그 이튿날 새벽 4시 45분에 폴란드를 공격하라는 명령을 내렸다. 그러자 영국과 프랑스도 9월 3일 독일에 선전포고를 하게 되었고, 이것이 바로 '인류 역사상 가장 참혹했던 전쟁'인 '제2차 세계대전'의 시작이 되었다. 그리고 영국과 프랑스가 독일과의 전쟁을 공식적으로 선포하면서 전쟁의 규모는 엄청나게 커지게 되었다.

1940년, 독일은 프랑스를 점령하고 영국과의 전쟁에 돌입했다. 그 사이 소련은 안심하고 핀란드 일부와 발트 3국(에스토니아, 라트비아, 리투아니아)을 병합하면서 영토를 확장했다. 한편 독일의 영국 공격은 생각 이상으로 쉽지 않았다. 영국은 막강한 해군력으로 바다를 철저하게 지켜 냈고, 미리 개발해 놓은 레이더를 이용해 독일의 전투기 공격을 모두 막아 냈기 때문이다. 그러자 독일은 공격의 대상을 영국에서 소련으로 바꾸어 발칸반도에 있는 헝가리, 루마니아, 슬로바키아를 공격하여 그들 모두를 독일 군대로 합류시켰다. 그리고 불가리아를 추축국에 가담시켜 군사력을 강화한 뒤, 그리스와 유고슬라비아까지 점령했다.

1941년 6월, 독일의 히틀러는 300만 명의 대군을 이끌고 소련 공격에 나섰다. 그 당시 소련은 독일보다 2~3배나 많은 탱크와 항공기를 가지고 있었지만, 대부분 독일의 앞선 기술력을 따라가지 못하는 구식 무기들이었다. 결국 소련은 독일군에 힘도 써보지 못하고, 모스크바 인근까지 내어 주었다.

더 이상 물러설 수 없다고 결정한 소련은 결국 영국과 미국의 원조를 받으며 독일군이 점령하고 지나간 지역을 봉쇄해 나가기 시작했다. 그리고 독일군의 공격이 예상되는 지역의 다리와 철도를 미리 파괴하고 식량을 불태우는 등 독일군의 진격을 저지하기 위해 사력을 다했다. 그러는 사이 소련에 겨울 추위가 닥쳐왔고, 겨울 군복을 지급받지 못한 독일군은 혹독한 소련의 추위와 배고픔으로 결국 모스크바 공격을 포기하게 된다. 하지만 히틀러는 석유를 확보하기 위해 또다시 모스크바에서 방향을 바꿔 스탈린그라드로 진격해 나아갔다. 그러나 독일군은 그곳에서도 소련의 반격을 받아 고립될 위기에 처했고, 결국 소련 점령을 포기한 채 철수해야만 했다.

일본은 1931년에 중국의 만주를 점령하고, 1940년에 독일, 이탈리아와 함께 '3국 협약'을 맺은 후 프랑스령인 인도차이나를 점령했다. 그리고 1941년 12월 7일, 일본군은 360여 대의 전투기를 투입해 하와이 진주만의 미국 해군 기지를 기습 공격함으로써 마침내 태평양전쟁을 일으켰다. 일본군의 폭격으로 진주만은 불바다가 되었고, 수많은 함정과 비행기가 파괴되며 2,000명 이상의 사망자가 발생했다. 일본군은 뒤이어 필리핀의 미국 공군 기지와 홍콩의 영국 공군 기지에도 폭격을 가했다.

일본이 미국 진주만에 대해 기습 공격을 감행한 이유는, 일본이 프랑스령인 인도차이나를 침공했다는 이유로 미국이 자국 내에 있는 일본 자산을 동결하고 석유 수출을 금지시켰기 때문이다. 일본이 독일, 이탈리아와 '3국 협약'의 추축국 동맹을 맺고 있었기에 미국 의회는 곧바로 '제2차 세계대전'에 참전을 결의했다.

1941년 12월 7일 일본의 미국 진주만 기습이 있었고, 다음 날인 12월

8일 미국은 일본에 대한 보복을 다짐하며 일본에 선전포고를 했다. 미국의 참전으로 '제2차 세계대전'은 새로운 국면을 맞게 되었으며, 전선은 유럽을 넘어 아시아 전체로 확대되었다.

미국이 일본과 '3국 협약'의 추축국 동맹을 맺고 있던 독일과 이탈리아에 대해서도 전쟁을 선포하자 독일과 이탈리아도 미국에 선전포고를 했다. 태평양전쟁 초반은 일본이 먼저 기선을 잡았다. 하지만 미국은 '미드웨이 해전'을 기점으로 대세를 잡게 되고, 1945년 오키나와섬을 점령하며, 도쿄에 대한 야간 공습과 일본 대도시들에 대한 공습을 감행했다. 그리고 1945년 8월 6일과 9일에 각각 히로시마와 나가사키에 원자 폭탄을 투하함으로, 1주일 뒤 일본 왕의 무조건적인 항복 선언을 받아 냈다.

한편, 1942년 초 독일군이 소련과의 전쟁을 벌이고 있던 동안, 영국은 군대를 재정비하여 독일의 주요 도시들을 공격하기 시작했다. 하지만 북아프리카 전선에서 영국은 기계화 사단을 이끄는 독일군에 밀려 키레나이카(지금의 리비아)를 잃고, 이집트까지 내어 줄 상황에 처했다. 그러나 미국과 이집트 연합군이 다시 전세를 뒤집어 독일과 이탈리아군을 격파함으로, 1943년 5월 독일과 이탈리아가 북아프리카 전선에서 항복했다.

1943년 7월, 이탈리아에서는 무솔리니가 체포되고, 새로운 정부가 들어섰다. 그러자 미국과 영국 연합군은 이탈리아에 상당히 많은 독일군이 주둔해 있음에도 불구하고 새 정부와 비밀 협상을 맺으며, 독일군이 주둔하고 있던 이탈리아의 시칠리아섬을 점령했다. 이에 이탈리아의 새 정부는 독일에 대해 선전포고를 하며, 독일과 이탈리아가 그동안 맺어 왔던 추축국 협약을 무효화시켰다. 그러자 독일이 이탈리아에서 실각한 무솔리니를 구해 내고 로마를 공격해 점령했지만, 1944년에 연합군이 다시 로마를 탈환했다.

1943년부터 히틀러는 서부전선(덴마크, 노르웨이, 룩셈부르크, 벨기에, 서부 독

1942년 12월 10일 독일군의 포격으로 파괴된 집을 떠나는 레닌그라드 사람들
_ Boris Kudoyarov 사진

일, 영국, 이탈리아, 프랑스를 포함하는 전역)의 병력을 강화하고 있었다. 프랑스 해안을 중심으로 방어기지를 구축하고 연합국의 반격에 대비한 것이다. 마침내 1944년 6월 미국의 아이젠하워 장군이 이끄는 15만의 연합군이 '노르망디'(프랑스 서북부 해안에 있는 지방) 상륙 작전을 감행했다. 영국과 캐나다군은 동부 해안으로, 미국군은 서부 해안으로 상륙하여 양쪽에서 독일군을 공격했다. 이때 공군은 프랑스 동쪽 센강과 남쪽 르와르강에 있는 다리들을 폭파하여 독일군의 병력 지원을 차단했다. 노르망디 상륙 작전의 성공으로 연합군이 큰 승리를 거두면서 29만 명이 넘는 독일군이 포로로 잡혔고, 독일이 구축한 서부전선은 무너졌다.

연합군이 이처럼 여러 전투에서 승리하는 동안, 독일 군부의 고위 간부들이 히틀러 암살 계획을 세웠지만, 히틀러 암살 계획은 사전에 발각되어 수많은 사람들이 처형당하는 결과로 끝났다. 그러는 사이 독일군의 전력은 계속 약해졌고, 1944년 8월에는 연합군이 파리를 탈환하여 승기를 계속해서 잡아 가기 시작했다. 그럼에도 독일은 다시 총동원령을 내려 병력을 보충하고 다시 서부전선을 강화하며 맞섰다. 그러나 연합군은 프랑스를 가로

질러 독일 국경까지 진격해 나아갔다.

독일은 동부전선(추축국 및 공동 교전국 핀란드가 소련, 폴란드, 체코슬로바키아를 비롯한 다른 연합국과 싸운 전역)에서도 패하자 서부전선에 있던 부대들을 서둘러 동부전선으로 보냈지만 끝내 패배하고 만다. 그리고 1945년 4월 30일 히틀러가 자살함으로, 독일이 5월 7일에 연합군에 무조건 항복을 하면서 유럽에서의 공식적인 전쟁은 막을 내렸다.

이미 언급한 대로, 일본이 1945년 7월, 독일 포츠담에 모인 연합국 대표들의 항복 요구를 거절함으로 1945년 8월 6일과 9일에 히로시마와 나가사키에 원자 폭탄 공격을 받았고, 이어서 8월 15일 마침내 항복하면서 '제2차 세계대전' 중 일어난 태평양전쟁까지도 끝이 났다.

'제2차 세계대전'은 전 세계에서 60여 개가 넘는 나라들이 1억이 넘는 병력을 동원해 싸운 전쟁으로 6년간의 전쟁을 통해 약 2천 7백만 명의 군인이 전사하고, 2천 5백만 명이 넘는 민간인이 희생되는 엄청난 인명 피해를 남겼다. 특히 민간인 희생자 중에는 히틀러의 민족 차별 정책으로 희생된 유대인이 6백여 만 명에 이르렀고, 전쟁 비용이나 대대적인 공습으로 인한 재산 파괴 등 경제적인 피해가 그 어떤 전쟁과 비교할 수 없을 만큼 컸던 전쟁으로 '인류 역사상 가장 파괴적인 갈등'이었다고 할 수 있다(Gilbert 2014).

'제2차 세계대전'이 끝난 뒤, 1945년 4월 25일 51개국 대표들은 미국 샌프란시스코에 모여 '국제연합헌장' 선언을 발표하고, 세계 평화 유지를 위한 국제기구인 '국제연합'(UN, United Nations)을 탄생시켰다. 샌프란시스코 회의는 이전에 유럽 국가들이 중심이 되었던 국제회의와는 다른 모임으로, 세계 전 지역의 대표성이 확보된 명실상부한 세계 최초의 국제회의였다.

'제2차 세계대전'의 패전국인 독일은 동서로 분단되어 미국, 영국, 프랑스, 소련의 관리 감독을 받게 되었고, 일본은 무장해제된 후 일정 기간 미국의 점령하에 놓이게 되었다. 오스트리아 또한 미국, 영국, 프랑스, 소련의 관리 감독을 받다가 1955년 중립을 유지한다는 조건으로 주권을 회복하였다. '제2차 세계대전' 이후 아시아와 아프리카와 라틴 아메리카의 많은 나라가 빼앗긴 나라를 되찾거나 신생 독립국이 되었다. 그들은 1950년대 이후 제3세력으로 성장하여, 미국과 소련 사이에서 중립적인 입장을 취해 냉전을 완화시키는 역할을 했다.

홀로코스트 – 인간 차별의 공포

'홀로코스트'(Holocaust)는 원래 '인간이나 동물을 대량으로 태워 죽이거나 대학살하는 행위'를 의미하는데 지금은 '제2차 세계대전' 중 나치 독일에 의해 자행된 유대인 대학살을 뜻한다. 나치가 12년(1933~45) 동안 자행한 대학살의 주요 대상은 유대인이었다. 하지만 나치의 학살 대상은 유대인

아우슈비츠 강제수용소
_ Stanislaw Mucha 사진

1944년 체코 동부에서 붙잡혀 아우슈비츠로 보내진 유대인 여성과 아이들
_ German Federal Archives 소장 사진

독일 베를린의 홀로코스트 메모리얼 광장
_ 통독원 사진

에 국한되지 않았다. 나치는 유대인만큼은 아니더라도 그에 못지않게 집시(Gypsy), 장애인, 동성애자, 혼혈인, 공산주의자를 경멸했고, 프랑스인, 폴란드인, 러시아인 등을 '미개 인종'으로 취급해 가혹하게 다뤘다. 그리고 멀쩡한 독일인이라도 나치에 반대하는 사람은 이들과 다를 바가 없이 간주했다.

이들은 유럽 전역에 세운 강제수용소로 보내졌는데, 강제수용소 중 가장 악명이 높았던 곳은 아우슈비츠(Auschwitz) 강제수용소였다. 1945년 1월 27일 폴란드 아우슈비츠의 유대인 포로수용소가 해방되기까지 600만 명에 이르는 유대인이 인종 청소라는 명목 아래 나치에 의해 학살되었다.

홀로코스트는 인간의 폭력성, 잔인성, 배타성, 광기를 극단적으로 보여주었다는 점에서 20세기 인류 최대의 치욕적인 사건이라 할 수 있다. 홀로코스트는 '제2차 세계대전' 중에 인간에게 가장 큰 공포와 두려움을 준 사건으로, 이 사건은 이후 유네스코가 설립되면서 '유네스코 헌장'을 만드는 데 가장 중요한 기초이자 핵심이 되었다.

홀로코스트 기념관은 세계 곳곳에서 찾아볼 수 있다. 앞서 언급했듯이, 영국 전쟁 박물관(Imperial War Museum) 4층에도 홀로코스트 기념관(Holocaust Memorial)이 있다. 4층 입구부터 침침한 조명이 비치고, '사진 금지'(No photography)라는 표시가 있다. 관람객들은 기념관 전시를 통해 인간 차별과 인간의 혐오가 '제2차 세계대전' 중에 얼마나 끔찍했는지를 직접 볼 수 있다. 홀로코스트 기념관은 독일 베를린에서도 찾아볼 수 있다. 베를린 시내 한복판 광장에 다양한 모양과 크기의 블록들로 만든 추모비에 그 당시 학살당한 피해자들을 표시해 놓고 그때를 추모하고 있다.

이처럼 세상은 홀로코스트가 끝나고 세월이 많이 흘렀음에도 불구하고 오늘날까지도 아주 어둡고 아픈 기억을 추모하면서 일부러 그 역사적 사건을 기념한다. 영국의 사례를 보면, 중학교 필수 교육 과정으로 학교에서 '홀로코스트' 과목을 가르치기도 한다. 유산학(Heritage Studies)에서는 이렇게 아프고 어두운 기억과 흔적을 '아픈 유산'(difficult heritage) 또는 '어두운 유산'(dark heritage)이라는 하나의 분야로 연구를 진행하고 있다. 물론 많은 학자가 홀로코스트를 어둡고 아픈 유산으로 연구해 왔고, 지금도 연구를 이어가고 있다.

홀로코스트가 일어난 지 꽤 많은 시간이 지났지만, 지금도 여전히 홀로코스트 기념관을 방문하면 누구나 마음이 무거워지고 인간 차별과 혐오에 관한 생각을 깊이 해 보게 된다. '제2차 세계대전'이 끝난 후 홀로코스트가 얼마나 심각한 파장을 일으켰는지는 유네스코 설립 때 발표된 헌장 전문(the Constitution of UNESCO)를 통해 실감할 수 있다.

유네스코 헌장(the Constitution of UNESCO) 전문

"전쟁은 인간의 마음속에서 생기는 것이므로 평화의 방벽을 세워야 할 곳도 인간의 마음속이다. 서로의 풍습과 생활에 대한 무지는 인류 역사를 통하여 세계 국민들 사이에 의혹과 불신을 초래한 공통적인 원인이며, 이 의혹과 불신 때문에 그들의 불일치가 너무나 자주 전쟁을 일으켰다. 이제 막 끝난 무서운 대 전쟁은 인간의 존엄, 평등, 상호존중이라는 민주주의 원리를 부인하고, 이러한 원리 대신에 무지와 편견을 통하여 인간과 인종에 대한 불평등이라는 교의를 퍼뜨림으로써 일어날 수 있었던 전쟁이었다.

문화의 광범한 보급과, 정의·자유·평화를 위한 인류 교육은 인간의 존엄에 불가결한 것이며 또한 모든 국민이 상호 원조와 상호 관심의 정신으로써 완수해야 할 신성한 의무이다. 정부의 정치적·경제적 조정에만 기초를 둔 평화는 세계 국민들의 일치되고 영속적이고 성실한 지지를 확보할 수 있는 평화가 아니다.

따라서 평화를 잃지 않기 위해서는 인류의 지적·도덕적 연대 위에 평화를 건설하지 않으면 안 된다. 이러한 이유에서 이 헌장의 당사국은 교육의 기회가 모든 사람에게 충분하고 평등하게 주어져야 하고, 객관적 진리는 구속받지 않고 탐구되어야 하며, 사상과 지식이 자유로이 교환되어야 함을 확신하면서, 국민들 사이의 의사소통 수단을 발전 확대시키는 동시에, 서로를 이해하고 서로의 생활을 더욱 진실하고 더욱 완전하게 알기 위하여 이러한 수단을 사용할 것을 동의하고 결의한다.

이에 헌장의 당사국들은 세계 국민들 사이의 교육적, 과학적, 문화적 관계를 통하여 국제연합의 설립 목적이며 또한 국제연합 헌장이 선언하고 있는 세계 평화와 인류 공동의 복리라는 목적을 촉진하기 위하여 국제연합교육과학문화기구(유네스코)를 창설한다."

이처럼 유네스코 세계유산 이야기의 첫 키워드는 '전쟁'이다. 다시 말해 제1차 세계대전과 제2차 세계대전이 유네스코의 창립 배경 이야기이자 창립 동기 부여의 이유가 되었다고 말할 수 있다. 두 차례의 전쟁은 '평화'가 얼마나 중요한지, 그리고 평화를 유지하기 위해서는 정치보다는 교육, 과학, 문화, 정보 커뮤니케이션을 앞세울 필요가 있다는 것을 교훈처럼, 해답처럼 남겨 주었다.

전쟁의 공포에서 벗어나기 위해 설립된 재단이 바로 유네스코였다고 볼 수 있다. 유네스코는 설립할 때 전쟁에서 나타났던 요소들(특히 홀로코스트)과는 반대 방향을 지향했기 때문에 제1차 세계대전과 제2차 세계대전의 내용을 잘 공부한 이후에 유네스코의 발전과 역사를 보면 훨씬 문맥적으로 이해하는 데 도움을 받을 수 있다.

Part 2 - 협력

유네스코의 초기 목적

대영박물관_Ham 사진

1. 유네스코는 어떻게 시작되었는가?

✺

제2차 세계대전 중에 런던에서 열린 국제 모임

1945년, 마침내 '제2차 세계대전'은 끝이 났지만, 그 시점에 세계인들에게 밀려든 가장 큰 두려움은 또다시 '제3차 세계대전'이 발발할지도 모른다는 공포였다. 그런 상황 가운데 전쟁의 폐허를 딛고 유럽의 여러 국가가 함께 모여 자국의 의제들을 넘어 교육과 문화의 다양성, 그리고 이해를 통해 평화가 증진되는 일에 뜻을 모으기 시작했다.

사실 이러한 모임은 '제2차 세계대전'이 아직 끝나기도 전인 1941년에 있었다. 이 모임을 통해 '대서양 헌장'(Atlantic Charter) 즉, 제2차 세계대전 중인 1941년, 영국의 수상 처칠과 미국의 대통령 루스벨트가 전쟁 후 세계 질서에 대한 기본 방침을 밝힌 8개조의 선언을 발표한 헌장이 발표되었다. '대서양 헌장'을 통해 미국과 영국이 독일 나치의 파시즘에 대항하는 민주 세력의 일원으로서 책임을 다하려는 임무와 결의를 표명했고, 소련을 위시한 33개국이 이 헌장에 승인함으로, 이는 제2차 세계대전이 끝난 후 세워진 유엔 헌장의 기초가 되었다. 그리고 '연합국공동선언'(Joint Declaration by the United Nations), 즉 1942년 1월 제2차 세계대전의 연합국인 26개국의 대표들이 파시즘에 맞서 싸울 것을 결의한 선언 또한 '대서양 헌장'과 함께 제2차 세계대전 이후 유엔의 기초가 되었다. 이 선언 이후 유럽 각국의 교육부 장관들이 영국에서 함께 1919년 '파리강화회의'의 주제와 유사한 '세계 평화'를 주제로 하는 모임을 가지면서 '국제연합'은 이미 시작되고 있었다. 그 당시는 아직 '제2차 세계대전'이 끝나지 않은 상태였지만, 유럽 각국의 교육부 장관들은 함께 모여 머리를 맞대고 국가의 제도와 교육을 회복할 방법들을 필사적으로 모색하고 있었던 것이다.

전 세계는 두 번의 걸친 세계적인 규모의 전쟁을 경험한 후, 각 나라들이 모색하는 정치적 해결책이 실제적으로는 더 많은 싸움으로 이어진다는 것을 깨닫게 되었다. 때문에 '제1차 세계대전'과 '제2차 세계대전'에 참여했던 국가의 대표들은 또 다른 세계대전을 피하기 위해 정치적인 방법 외에 서로 협력할 방법을 찾아야 한다는 생각에 서로 동의하게 되었다.

사실 각 나라들이 정치적으로 협력한다는 것은 매우 어려운 문제임을 세계는 체험하고 있었다. 세계 평화의 회복과 유지를 목표로 했던 베르사유조약과 국제연맹의 실패로 세계의 정치적 협력이 이미 어렵다는 것이 입증되었기 때문이다. 따라서 국제적인 협력의 초점은 정치에서 교육과 문화와 같은 보다 '친화적이고 보편적인 의제'로 전환될 수밖에 없었다.

또 다른 초점은 서로 다른 차이를 가지고 타인을 차별하기보다, 서로의 차이를 인정하는 측면에서 협력하는 것이다. 물론 이것은 홀로코스트를 경험한 후에야 배운 매우 잔인한 교훈이라 할 수 있겠다.

유네스코의 창립

앞서 살펴본 대로 제1차 세계대전이 끝난 후 국가들이 국제 평화를 유지하기 위한 논의를 위해 함께 모여서 만든 것이 '국제연맹'이 되었다. 국제연맹이 제1차 세계대전 직후인 1920년에 만들어졌다면, 유네스코는 제2차 세계대전 도중에 영국 런던에서 급하게 모인 모임에서 그 기원을 찾을 수 있다. 홀로코스트에 대한 소식을 접한 국가들이 인간 차별의 공포와 두려움을 심각하게 느끼고 비록 전쟁 중에 있었지만 이를 바로잡고자 모였다.

1942년에는 영국 런던에서 '교육부 장관들의 회의'가, 그 다음 해인 1943년에는 미국 샌프란시스코에서 '국제기구에 관한 유엔 회의'(United Nations Conference on International Organization, UNCIO)가 열렸다. 그리고 '제2차 세계대전'이 끝난 후, 1945년 영국과 프랑스 공동 주체로 44명의 대표들이 교육 및 문화기구(ECO / CONF) 설립을 위한 유엔 회의로 런던에서 다시 모였다. 대표단은 진정한 '평화의 문화'를 구현할 조직으로 '유네스코'(UNESCO, United Nations Educational Scientific and Cultural Organization)를 만들기로 합의했다. 그것은 국제 사회에 희망을 주기 위한 것이었다(Have 2006). 집단적 소망은 '인류의 지성과 도덕적 연대'를 확립하고, 그렇게 함으로써 궁극적으로 '제3차 세계대전'의 발발을 막자는 것이었다.

1945년 11월 영국과 프랑스의 공동 주체로 런던에서 열린 '유네스코 창설 준비위원회'에서 44개국 정부 대표들이 모여서 회의한 결과, 37개국 대표가 유네스코 헌장을 채택했으며, 1946년 11월 4일 20개 서명 국가들이 헌장 비준서를 영국 정부에 기탁함으로써 최초의 국제 연합 전문 기구로서 '유네스코'가 발족되었다.

❀

세계 평화를 위한 국제기구

'세계 평화를 위해 설립된 국제기구인 유네스코'는 1946년 20개국이 비

준함으로 출발했다. 이 20개국은 호주, 브라질, 캐나다, 중국, 체코슬로바
키아, 덴마크, 도미니카공화국, 이집트, 프랑스, 그리스, 인도, 레바논, 멕시
코, 뉴질랜드, 노르웨이, 사우디아라비아, 남아프리카, 터키, 영국, 그리고
미국이었다.

유네스코의 첫 번째 총회는 1946년 11월 19일부터 12월 10일까지 프랑
스 파리에서 열렸으며, 30개국 정부의 대표들에게 투표권이 주어졌다. 유네
스코의 주요 성명은 "전쟁은 인간의 마음속에서 생기는 것이므로 평화의 방
벽을 세워야 할 곳도 인간의 마음속이다."(유네스코 헌장)이었다.

이후 1951년 일본과 독일이 회원국으로 가입했으며, 1953년 스페인이
가입했다. 그 이듬해인 1954년 소련이 가입했는데, 소련은 1992년 12개의
구소련 공화국과 함께 러시아연방으로 대체되었다. 1960년대에 19개 아프리
카 국가들도 회원국이 되었다.

우리나라는 1950년 6월 14일 유네스코에 가입했고, 바로 그달, 불과
11일 후인 6월 25일에 동족상잔의 비극인 한국전쟁이 발발했다.

2. 유네스코가 창립 초창기에
집중했던 일은 무엇이었는가?

✻

유네스코 창립의 키워드 – '협력'

유네스코 세계유산 이야기의 두 번째 키워드는 '협력'이다. 앞서 보았듯이, 세계 많은 국가가 1914년부터 1945년까지 '협력'을 이루어 내지 못했기 때문에 그 결과 두 차례의 '전쟁'을 치렀다고 볼 수 있다. 1945년 제2차 세계대전이 끝난 후, 유네스코의 설립을 통해 세계의 키워드는 '전쟁'에서 '협력'으로 바뀌었다.

당연히 유네스코가 설립되었을 때 그 초점은 '협력'에 있었고, 이 개념은 서로의 차이에 대한 존중과 수용의 개념을 수반한 것이었다. 유네스코의 첫 번째 사무총장은 과학을 대중화한 사람으로 유명한 영국의 생물학자이자 작가인 '줄리언 헉슬리'(Sir, Julian Huxley, 1887.6.22~1975.2.14)이다. 유네스코 창립 초기에는 첫 번째 사무총장은

줄리언 헉슬리 (1964년)
- 유네스코 초대 사무총장

영국, 두 번째 사무총장은 멕시코, 세 번째와 네 번째 사무총장은 미국에서 선출되었다.

줄리언 헉슬리 사무총장은 "서로의 방식과 삶에 대한 무지는 세상 사람들 사이에 의심과 불신을 일으켰고, 이는 인류 역사 속에서 잦은 전쟁의 원인이 되었다."라고 선언했다. 이 선언은 나치 독일이 유대인, 집시, 동성애자 등의 사람들을 학살한 행위에 대한 성명이었다. 따라서 각 나라의 국가 의제를 넘어 교육과 문화적 다양성을 통해 평화를 증진하는 것이 유네스코 설립의 주목적이 되었다.

여기에서 주목해야 할 점은 유네스코 창설을 위해 모인 각 국가의 대표들이 정치인들이었다는 것이다. 그래서 '정치에서 벗어나기로 한 결정이 정치인에 의해 내려졌다'는 점을 간과하지 않을 수 없다. 즉, 정치에서 탈피하고자 한 결정이 바로 정치적 결정이었다는 점이다.

❁

모든 인종을 위한 존중

세계 평화를 위한 국제기구인 '유네스코'는 각국의 문화와 전통에 대한 존중과 수용을 바탕으로 시작해야 했고, 그 접근 방식은 보편적이어야 했다. 따라서 초기에 유네스코는 국제 협력을 통해 평화, 사회 정의, 인권 및 국제 안보를 증진하겠다고 선언했다. 유네스코 헌장이 오늘날 모두가 주목하고 있는 '세계유산'으로부터 시작되지 않았다는 점에 유의해야 한다. 유네스코 세계유산 사업을 이끄는 '세계유산협약'은 1972년에 가서야 비로소 형성되었다.

1945년 유네스코 헌장이 처음 제정되었을 때의 초점은 평화와 협력, 그리고 안보 등 매우 광범위했다. 유네스코는 전 세계가 관심을 갖는 많은 의제의 실행이 교육, 과학, 문화, 정보 커뮤니케이션 분야를 통해 전방위적으로 이루어지기를 기대했다. 연합국의 대표단은 이처럼 두 차례의 정치적 세계대전 이후에 유네스코를 창설하면서 고통, 차별, 끝없는 정치적 갈등으로부터의 회복과 치유, 그리고 정치 대신 문화 중심의 평화를 위한 국제기구가 되어야 한다는 것에 합의했다.

유네스코 이전에 실행된 '전 세계를 한 지붕 아래'라는 개념 – 영국의 대영박물관

고대로부터 사람들에게는 자신의 이전 세계, 과거에 대한 흥미와 관심이 항상 존재했다. 이로 인해 과거의 유물, 유적지를 보호하고 보전하여 미

한스 슬론 경_Stephen Slaughter 作

래에 남기고, 이를 홍보해야겠다는 생각이 있었다. 이 때문에 사람들은 고대의 세계 7대 불가사의를 비롯해 시대가 소중히 여기는 유적지를 계속해서 방문하며 보호해 왔다. 이 같은 역사 흐름 속에서 세계를 흔드는 중요한 변화가 일어났다. '계몽주의'(Enlightenment)의 등장이다.

18세기 계몽주의 사상이 유럽에서 일어나 그 시대 사람들의 정신을 이끈 것이다. 18세기 계몽주

의 이전에는 골동품 수집에 머물렀던 사람들이 계몽주의 이후 인간 삶의 지식에 대해 눈을 뜨기 시작했다. 과거에 대해 더 알고자 하는 연구 목적으로 유물, 유적지에 접근하게 되었고, 이에 따라 과거를 담은 유물은 보물이라는 인식을 더욱 갖게 되었다. 이로써 과거를 소중히 여기려는 생각으로 전세계의 유물을 한 지붕 아래 담아 보자는 개념이 생겨났고, 그 바탕 위에 대영박물관이 건립되었다.

탁월한 보편적 가치라는 핵심 개념을 통해 '세계유산협약'을 시작하려던 유네스코의 아이디어 훨씬 이전인 1753년, 런던의 '대영박물관'(the British Museum)이 세계 최초의 국립 및 공공 박물관으로 등장한 것이다. 1759년에 문을 연 대영박물관은 인간 지식의 모든 분야를 다루며, 본질적으로 '모든 사람에게 무료로 개방하는, 한 지붕 아래 전 세계를 포함하는'이라는 모토를 내걸었다. 대영박물관은 유물은 누구의 것이 아니고, 대중들에게 무료로 보여 주어야 하는 대상임을 강조하며 공공 박물관의 기준을 제시했다. 이는 여러 국가의 공공 박물관 운영에 큰 영향을 끼쳤다.

대영박물관_Ham 사진

대영박물관이 어떻게, 그리고 왜 생겨나게 되었지 간략히 설명하기 위해서는 내과 의사이자 박물학자이며 골동품 수집자(유물 수집가)이기도 한 '슬론 경'(Sir Hans Sloane, Baronet, 1660~1753)을 반드시 언급해야 한다. 그는 영국 '왕립학회'(Royal Society)의 회장이었다. 수집가로서 그는 800개 이상의 자연 및 인공 희귀품을 상당량 보유하고 있었다. 또한 그는 40,000권이 넘는 책과 수많은 원고, 32,000개의 동전과 메달이 있는 거대한 도서관을 가지고 있었다. 1753년 슬론 경은 죽으면서 71,000개 이상의 아이템을 그의 컬렉션으로 남겼다. 슬론 경이 자신의 컬렉션을 국가에 기증하면서 자신의 후손들을 위해 국가로부터 보상 또한 요구했지만, 어찌되었든 이는 대영박물관의 창립 컬렉션이 되었다.[29]

전 세계에서 유물을 모아서 '한 지붕 아래에 두는 것'은 그 당시 혁명적인 아이디어였다. 대영박물관의 기본 개념은 가정, 공개 토론, 과학적 연구, 진보 및 관용에 대한 비판적인 조사를 중요시하는 계몽주의의 이상이었다. 그리고 대영박물관을 설립하게 된 동기는 세계와 인류 역사에 대한 호기심을 넘어, 지식을 확장하고 공유하려는 열망을 장려하기 위한 목적과 앞으로도 그렇게 될 것을 꿈꾸는 기대였다. 이러한 개념은 또한 유네스코 세계유산의 최고 핵심 가치이기도 하다(Delbourgo 2017).

이 같은 배경으로 설립되었기에 대영박물관이 유네스코의 세계유산협약과 함께 살펴볼 매우 흥미로운 사례가 될 수 있는 것이다. 대영박물관은 객체 기반이고, 유네스코는 유적지(유형 유산)와 다양한 관습(무형 유산)에 초점을 맞추는 등 몇 가지 주요 차이점이 있지만, 유네스코와 대영박물관이 추구하는 목표는 비슷하다고 볼 수 있다. 유네스코와 대영박물관은 둘 다 전 세계의 과거를 통해 현재 세계를 결합하려는 동기를 갖고 있다. 둘 다 계몽주의 사상에 기반을 두고, 둘 다 교육과 과학 중심인 것이 비슷하다고 할 수 있다.

3. 유네스코는 왜
세계유산협약을 만들었는가?

❀

1954년 이집트의 '댐' 때문에 생긴 문제

유네스코가 '세계유산협약'을 시작한 계기는 '누비아 캠페인' 이후였다고 볼 수 있다. '누비아 캠페인'의 전모는 다음과 같다. 1959년 이집트 정부는 나일강의 범람을 조절하고 농업을 발전시켜 빈곤을 퇴치하겠다는 목표를 가지고 나일강에 '아스완 하이 댐'(Aswan High Dam)을 건설하겠다고 발표했다. 그런데 이 댐이 건설되면 이집트의 아스완에서부터 수단의 달 카타렉(Dal Cartaract) 지역까지 나일강 상류를 덮는 거대한 인공 호수가 만들어져 누비아(Nubia)의 모든 유적지가 물에 잠길 수밖에 없는 상황이었다.

참고로 우리나라에도 유사한 사례가 있다. 우리나라 선사 시대에 새겨진 것으로 보이는 암각화가 있는 울산 반구대이다. 이집트의 댐 문제와 비슷한 시기인 1960년대 초기에 울산 시민들이 마실 물 공급을 위해 댐을 건설했는데 그 당시에는 울산 반구대 암각화가 존재하는지 알지 못했었다. 1971년에 반구대 암각화가 발견되었지만, 댐 건설로 인해 이미 1년 중 8개월 동안은 그곳이 물에 잠겨 있는 상황이었다. 반구대 암각화는 우리나라 국보 제285

호로 지정되어 있고, 현재 유네스코 세계유산의 후보 목록인 잠정목록에 포함되어 있다.

다시 누비아 유적으로 돌아가서, 누비아의 유적은 19세기 초반에 발굴된 것으로 발굴 당시에는 사막의 모래 위로 머리 부분만 솟아 있었다.[30] 이 유물은 이집트 역사상 두 번째로 오랫동안 왕위에 있었던 람세스 2세 (Ramses II, 재위: 기원전 1279년~기원전 1213년) 때의 건축물이었다.

❋

물에 잠길 위기에 처했던
누비아 유적을 구하기 위한 유네스코 프로젝트

댐 건설로 인한 피해를 인식하게 된 이집트 정부(1959년 4월)와 수단 정부 (1959년 10월)는 침수 위협을 받게 된 누비아의 유적지와 유물을 구하기 위해 두 나라가 각각 독자적으로 유네스코의 지원을 요청했다.

이집트 정부와 수단 정부가 1959년 유네스코에 지원을 요청했다는 것은 1945년 유네스코 설립 이후 '국제 협력'이 계속해서 잘 이어져 왔고, 그로부터 십여 년이 흐른 1959년에는 국제적으로 도움을 요청해도 될 만큼 유네스코가 튼튼한 기반을 갖추는 데 성공했다고 해석할 수 있다. 1959년 11월 유네스코는 제55차 집행위원회를 개최해 이집트 정부와 수단 정부의 요청을 받아들여 국제적인 지원을 승인하고 아부심벨 신전(Abu Simbel Temple)과 누비아 지역의 고고학적 발굴 조사를 승인했다.

1960년 초 이집트 정부가 '아스완 하이 댐'(Aswan High Dam) 건설을 공식적으로 발표하자 유네스코의 베토리니 베로네세(Vittorino Veronese) 사무

안전한 곳으로 이동되는 아부심벨 신전, 1967년
_Per-Olow Anderson 사진

총장은 누비아 유적 보호를 위해 국제 사회에 도움을 공식적으로 요청했다. 이에 1960년 5월 프랑스 파리에서 누비아 유적 보호를 위한 첫 번째 공식 회의가 개최되었다.

이어서 1960년 11월에 제11차 유네스코 총회에서 누비아 유적 보존을 위한 국제적인 캠페인 즉, '누비아 캠페인'(International Campaign to Save the Monuments of Nubia)을 승인했다. 누비아 캠페인은 3,74헥타르(약 113만 평)에 이르는 누비아 유적지를 이전하는 대규모 프로젝트였다. 특히 그 가운데에는 아부심벨 신전의 이전이 포함되어 너무나도 큰 대규모 공사로 진행되었다.

아부심벨 신전의 이전은 원래 위치에서 65m 더 높은 곳으로 이동하는 인류 역사상 가장 최고 규모의 이사가 되었다. 아부심벨 신전의 이전을 위해서 세계 40개국의 기술팀이 동원되었으며 그들은 6개 팀으로 나뉘어 4년간 이 공사를 책임 맡아 실행했다. 이 공사는 실질적이고 믿을 수 없을 정도로 국제 협력이 이루어진 프로젝트가 되었다.[31]

유네스코는 '누비아 캠페인'을 통해 '인류의 유산'을 세계의 보편적 재산으로 보존, 보호 및 증진하기 위해 국제적으로 협력하는 것이 중요하다는 것을 유네스코 회원국에 알렸다. 우리나라는 유네스코의 '누비아 캠페인'에 호응하여 1963년 10월에 아부심벨 신전을 도안으로 "누비아 유적 보호운동 기념"이라고 새긴 기념우표를 발행했다. 우표 수익의 일부를 유네스코에 기증하여 유네스코의 캠페인에 적극 동참했다.

인류의 유산을 지키고 보존하자는 유네스코의 호소인 '누비아 캠페인'은 전 세계 60여 개국으로부터 약 8천만 달러가 모금되는 기적 같은 일이 일어나게 했다. 결국 '누비아 캠페인'은 국제적 연대와 협력의 결정적이고 확실한 예가 되었다.

※

유네스코 국제 프로젝트 : 성공 사례,
이로 인해 만들어진 유네스코 '세계유산협약'

'누비아 캠페인'을 시작으로 누비아 유적지가 이전되어 보존된 것은 캠페인을 시작한 지 20년 만인 1980년 3월 10일에 끝이 났다. 유네스코가 주관한 이 프로젝트는 엄청난 성공을 거두었다.

유네스코는 전 세계 60여 개 나라의 공여국들과 이집트 정부와 수단 정부 사이에서의 조정자이자 중개자로서 국제적인 캠페인을 이끌었다. 이 캠페인은 특히 국제 협력의 실행을 상징하는 전후 상황에서 유네스코 헌장의 중요한 전환점이 되었다. 당시 유네스코 사무총장이었던 마츠우라 고이치로(Koïchiro Matsuura)는 다음과 같이 말했다.

> … 국제 협력으로 이룰 수 있는 기적적인 감동을 '누비아 캠페인'이 보여 주었다. 누비아의 유적을 구하는 것은 한 국가의 이익과 자존심을 초월하는 시급한 우선순위가 되었고, 우리 모두 알고 있듯이 국제 사회는 그 도전에 눈부시게 일어섰다. 이러한 국제적 연대는 현재의 세계적, 재정적, 환경적, 사회적 위기의 시기에 그 어느 때보다 시기적절하다는 점을 더욱 강조할 필요가 있다.[32]

'누비아 캠페인'은 전 세계인의 이목을 끌어 한 나라의 유산이자 동시에 인류의 세계유산을 지키고 보존하는 프로젝트의 기본이 되었고, 더 넓은 차원에서는 1972년 1월 6일 파리에서 열린 제17차 정기총회에서 '세계유산협약'을 채택함으로 유네스코 헌장을 실현하는 데 결정적인 역할을 했다.

이집트와 누비아 (아부심벨 신전 그림) _ David Roberts 作

　이 협약을 '세계 문화 및 자연유산 보호 협약'(Convention Concerning the Protection of the World Cultural and Natural Heritage, 약칭 '세계유산협약')이라고 불렀다. 이 협약은 두 개의 분리된 운동을 병합하여 새로 출범한 것이다. 첫 번째는 문화유산 보존에 초점을 맞춘 것이고, 다른 하나는 자연유산 보호에 초점을 맞춘 것이다. 유네스코가 이러한 운동을 시작함으로 인류사적으로 중요한 유산들은 한 나라를 넘어 전 세계가 상시적으로 보호해야 한다는 시스템의 필요성이 부각되었다.

　그러자 1972년 6월 스웨덴의 스톡홀름에서 열린 유엔 회의에서도 세계유산 보호를 위한 국제 협약 잠정안을 채택하기에 이르렀다. 그리고 그해 10월 17일부터 11월 21일까지 파리에서 개최된 제17차 유네스코 총회에서 마침내 '세계유산협약'을 채택하게 되었다. 사실 세계유산 보호를 위한 국제기구와 운동을 만들겠다는 초기 아이디어는 제1차 세계대전 이후 등장한 것이었는데, 결국 1972년 유네스코 총회에서 결정된 것이다. 유네스코가 1972년 세계유산에 대해 '주목하고, 고려하고, 인식하고, 결정하고, 채택한' 여덟 가지 내용을 정리하면 다음과 같다.

1. 전 세계의 문화유산과 자연유산이 오랜 세월의 풍파로 인한 어쩔 수 없는 파괴나 파손뿐 아니라, 지속적으로 변화하는 사회·경제적 조건으로 인해 점점 더 파괴의 위협을 받고 있다는 점에 주목해야 한다.
2. 전 세계의 모든 문화유산과 자연유산의 파손 또는 소실은 결국 인류 유산의 빈곤을 가중시킬 것이라는 점을 고려해야 한다.
3. 국가 차원의 유산 보호는 각 나라가 정한 경제적, 과학적, 기술적 자원의 규모에 따라 불완전하다는 점을 인식해야 한다.
4. 유네스코가 세계유산의 보존과 보호를 확보하고, 관련 국가에 필요한 국제 협약을 권고함으로 지식을 제공, 유지, 확대, 확산시킬 것을 유네스코 헌장이 규정하고 있음을 상기해야 한다.
5. 문화유산과 자연유산에 관한 국제 협약과 권고, 결의안이 '특별하고 어느 것으로도 대체할 수 없는 인류가 함께 지켜야 할 가치'를 보호하고 보존한다는 것의 중요성을 전 세계에 알리고 있음을 고려해야 한다.
6. 문화유산이나 자연유산 가운데 일부는 매우 탁월한 가치를 지니고 있는 것이기 때문에 인류 전체가 세계유산의 일부로 함께 지키고 보존해야 할 필요가 있음을 고려해야 한다.
7. 탁월한 보편적 가치를 가진 문화유산과 자연유산 보호를 위해 인위적이거나 집단적으로 지원하는 것은 유산의 보호와 보전, 그리고 국제 사회 전체를 위협하는 새로운 위험이 될 수도 있다는 생각을 해야 한다.
8. 탁월한 보편적 가치를 가진 문화유산과 자연유산의 공동 보호 체제 확립을 위해 효과적인 협약들을 새로운 조항들로 채택하는 것은 필수적인 것임을 고려해야 한다.

1972년 유네스코 총회에서 결의하고 채택한 '세계유산협약'은 '문화유산과 자연유산' 두 가지 모두를 국제회의에서 공식 인정함으로 보존에 관해 다른 어떤 것보다 우선하는 '국제적인 법률 장치'가 만들어졌다는 놀라운 성과를 낸 결과물이었다. 또한 이 협약은 어느 나라의 어떤 것이 문화유산이나 자연유산으로 세계유산목록에 들어갈 수 있는지 그 기준을 명확하게 제시함으로써 보존을 위한 지속적인 관리와 조치의 기준을 국제적으로 마련했다는 매우 의미 있는 결정이었다고 할 수 있다.

이처럼 '세계유산협약'을 통해 전 세계는 인류가 함께 지켜야 할 중요한 역사적이자 학문적 가치를 지니고 있는 세계적인 유산들을 함께 보호하고 보존하게 되었다. 그리고 유네스코는 세계가 함께 지키고 보존할 공식적인 세계유산으로 '문화유산과 자연유산, 그리고 문화와 자연의 요소가 합쳐진 복합유산'을 지정했으며, 유네스코 세계유산의 지정을 위해 국제적인 전문 학술 기관들을 참여시켰다.

세계유산으로의 등재 과정은 '세계유산협약'의 선정 기준에 의거해, 각 국가별로 희망하는 유산이 신청되면 서류 심사를 거쳐 유산의 '문화적 · 학술적 · 미학적 가치를 검토'하고, 그 후 후보지에 대해 '국제기념물유적이사회'(ICOMOS)와 '국제자연보전연맹'(IUCN)에서 위촉한 조사단이 현지에 파견되어 실사를 하게 되어 있다. 등재에 관한 자세한 과정은 〈Part 3. 산업 – 현대 정치, 사회, 문화 속 유네스코〉에서 살펴보겠다.

✽

아부심벨 신전 : 세계유산에 대한 세계 관심

1972년 유네스코 총회가 결의한 '세계유산협약'을 알기 위해서는 '아부심벨 신전'과 '누비아 캠페인'의 전반적인 내용을 이해하는 것이 매우 중요하다. 댐으로 인해 아부심벨 신전(Abu Simbel Temple)이 없어질 위기에 처해진 상황은 문화유산의 가치와 보호에 대한 국제적인 관심을 불러일으켜 함께 해결해야 할 국제적 의제가 되었다. 이는 곧 국제 협력이라는 키워드를 가지고 있는 유네스코의 목표와 일치를 이룬 상황으로 맞춰졌다. 이로 인해 '아부심벨 신전'과 '누비아 캠페인'은 '파괴' 또는 '피해'가 종종 모두의 '관심'으로 이어지는 방법을 보여 주는 많은 사례 중 하나가 되었다. 의심할 여지없이 '아부심벨 신전' 이야기는 세계적인 캠페인으로 확대되었고, 더욱이 유산에 대한 국제적 관심을 이끌어 내는 데 '혁명'을 일으킨 사건이 되었다. 그러므로 '누비아 캠페인'은 중·장기적으로 국제 사회가 함께 세계적으로 중요한 유적지를 보호하기 위해 노력하도록 고무시켜준 사건이 되었다.

아부심벨 신전 유적지의 고고학적 배경을 간략히 검토한다면, 아부심벨 신전은 오늘날의 이집트 남부 아스완에 위치한 고대 신전 지역에 있다. 이 신전은 아스완에서 남쪽으로 약 280km(170마일) 떨어진 곳에 위치하고 있으며, 고대인들에게는 '누비아'(에티오피아)라고 알려진 지역이었다(Hawass 2000:11). 아부심벨 신전의 본당은 길이 115피트, 높이 98피트이며, 1년에 두 번 첫 번째 태양 광선이 신전 입구에 들어오도록 정확하게 지어졌다(Womack 2020:64).

두 개의 사원으로 이루어진 아부심벨 신전은 람세스 2세 통치 기간에 지어졌다. 연구에 따르면 아부심벨 신전의 부지 건설은 기원전 1270년경에 시작된 것으로 알려져 있다. 대신전은 람세스 2세(Ramses II)를 위한 것이었고, 소신전은 람세스 2세의 왕비이자 첫 아내였던 네페르타리(Nefertari)를 위한 것이었다(Womack 2020:63). 람세스 2세는 오랫동안 통치하며, 이집트를 강력한 왕국으로 세웠다.

아부심벨의 목적은 람세스 2세의 유산을 기념하는 것이었다. 따라서 아부심벨 신전 내부의 그림과 조각은 람세스 2세의 영웅적인 모습, 즉 카데시(Kadesh) 전투에서의 그의 승리를 묘사하고 있다(Womack 2020:64). 대신전 앞에는 65피트 높이의 람세스 2세의 상 4개가 놓여 있고, 그 발 주변에는 람세스 2세가 정복한 적들의 모습과 람세스의 왕비 네페르타리와 자식들의 상징이 조작되어 있다. 소신전 앞에는 바위를 파내어 조각한 6개의 상이 있다. 이 가운데 4개는 왕을, 2개는 네페르타리 왕비를 나타낸다. 이집트의 저명한 고고학자인 자히 하와스(Zahi Hawass, 2000)는 아부심벨 신전에 대해 "천재적인 예술과 훌륭한 건축 기술이 결합하여 건축에 있어서 단 하나의 실수도 발견하지 못할 정도"라고 칭송했다.

람세스 2세는 이 신전을 통해 그의 이름을 후대에 널리 알릴 계획을 세웠고, 이집트 사막의 건조한 날씨는 람세스 2세의 계획이 실현되는 데에 좋

아부심벨 신전 _ Olaf Tausch 사진

은 조건이 되었다. 그런데 수천 년을 건재해 온 아부심벨 신전이 1946년 이집트 정부의 아스완 하이 댐 건설 계획으로 수몰될 위험에 처하게 되었던 것이다. 그러나 오히려 아스완 하이 댐 건설 계획은 아부심벨 신전의 운명뿐 아니라, 세계 곳곳의 많은 유산의 운명을 바꾸는 일이 시작되는 계기가 되었다.

이집트 정부는 이집트에 수력을 공급하고 건조한 땅 700만 에이커에 대한 관개 시설 개선을 위해 나일강에 댐을 건설하고자 했다(Womack 2020:64). 이집트 정부는 이 계획이 고대 유물의 존재를 위협할 것이라고는 전혀 예측하지 못했었다. 때문에 이집트 정부는 1954년 약 13,000피트 길이의 아스완 하이 댐을 룩소르 상류에 있는 나일강 도시 아스완 남쪽에 만들었던 것이다.

'제2차 세계대전'은 1945년에 끝났고, 전쟁 후 세계는 새로 설립된 유네스코 조직이 주도한 대로 사람들의 마음에 평화를 구축하는 데 초점을 맞추

고 있었다. 그 같은 시대 상황 속에서 아부심벨 신전 문제가 떠오른 것이다. 댐 공사로 인한 복잡한 토목공사에 의해 나일강의 수위가 상승하면서 아부심벨 신전이 수몰될 위험에 처하게 되었다. 그러자 1960년 이집트 정부와 수단 정부는 고대 이집트의 보물을 구하기 위해 유네스코에 도움을 요청했다. 이 문제가 문화유산에 대한 국제적 관심을 일으키게 했고, 유네스코는 궁극적으로는 20년이 소요되는 구조 작업을 하기로 대응 전략을 내놓았다.

당시 유네스코의 베토리니 베로네세 사무총장은 아부심벨 신전을 구하기 위해 국제 사회에 협력을 요청했다. 당시 유네스코 사무총장의 메시지는 '이집트 국민들의 필요와 복지'를 위해 댐을 건설하는 이집트의 결정과 그로 인해 발생하게 된 '인류의 유산 아부심벨 신전'이 있는 장소를 구하는 것의 중요성을 강조하는 것이었다(Womack 2020:66). 이로 인해 세계 최초로, 최대 규모의, 장기간의 국제 유산 보존 프로젝트를 감독하기 위해 유네스코가 주

우주에서 본 아스완 하이 댐 (Aswan High Dam)
_NASA 사진

도하는 '세계유산위원회'가 탄생하게 되었다.

　'누비아 캠페인'에서 가장 고난이도의 작업은 아부심벨 신전을 구하는 일이었다. 1963년, 많은 고려 끝에 람세스 2세의 신전을 천 블록 이상으로 잘라 더 높은 곳으로 이전하기로 결정했으며, 이를 위해서 복잡한 인프라와 현장을 건조하게 유지하기 위해 임시 댐 건설이 필요했다. 도로를 마련하고 발전 스테이션을 설치하고 수천 명의 노동자들을 위한 숙소를 마련해야 했다.

　1963년과 1968년 사이에 40여 명의 전 세계의 엔지니어와 과학자들이 60여 개 국가에서 자금을 지원하는 이 프로젝트에 참여했다. 그들은 함께 절벽 꼭대기를 파내고 두 개의 신전을 완전히 해체했다. 결국, 그들은 이전 부지보다 200피트(60미터)가 넘는 고지대에 아부심벨 신전을 재건했다. 해체는 1966년 4월에 끝이 났고, 1968년 9월 22일에 아부심벨 신전이 더 높은

아부심벨 (네페르타리 신전) _ Olaf Tausch 사진

위치로 이전해 새롭게 자리하게 되었다.

'누비아 캠페인'은 모든 계획의 절차가 문서화되어 전 세계에 공개되었다. 국제적으로 관심이 집중되어 이에 대한 화제가 끊이지 않도록 전 과정을 프리젠테이션하고, 내레이션을 통해 설명하는 등 다양한 방법으로 캠페인을 소개하여 놀라운 센세이션을 일으켰다.

이 프로젝트가 끝날 무렵에는 프로젝트에 대한 600여 개의 연구 논문이 작성되었으며, 이로 인해 아부심벨 신전 사이트는 국제적인 현상이 되었다(Womack 2020:69). 아부심벨 신전에서 필레 신전에 이르는 누비아 유적은 1979년에 '창조적인 걸작, 문화 전통 및 신앙 체계와의 연관성'을 가진 유산으로서, 유네스코 등재기준 (i), (iii), (vi)을 충족하며 유네스코 세계유산목록에 등재되었다(Womack 2020:69).

아부심벨 신전은 유산이 국가적 관심사로 시작된 후 국제적 관심사로 발전하는 방법을 보여 주는 많은 사례 중 하나이다. 아부심벨 신전은 '누비아

아부심벨 (람세스 II 신전) _Olaf Tausch 사진

캠페인'으로 수몰의 위기를 극복하고 유네스코 세계유산에 등재된 이후 국제적인 재산이자 자산이 되었다.

세계에 아부심벨 신전 보존과 보호에 대한 이해와 동력을 이끌어 냈기 때문에 아부심벨은 이집트의 자산에서 세계의 자산으로 바뀌게 된 것이다. '전쟁의 여파'는 이집트의 유산을 보존하기 위해 전 세계가 협력하는 세계적 관심으로 촉발되었고, 그 결과 아부심벨 신전 방문은 방문객들과 전 세계의 관심을 끄는 국제 산업으로 성장하게 되었다.

우리는 세계 여러 나라들의 이기적인 정치가 두 차례의 세계대전을 일으켰음을 기억한다. 그러한 역사 기반 위에 창설된 유네스코는 국제 관계를 정치적인 관점으로 집중하기보다는 서로 협력하는 관계로 변화하자는 데 의견을 모았다. 여기에서 대두된 것이 '세계유산협약'인 것이다. 유네스코는 '세계유산협약' 등의 기반을 통해 인류의 '탁월한 보편적 가치'를 지닌 다양한 유산을 보호하고 이를 미래 세대에 온전하게 물려주기 위해 세계의 협력을 이끌어 내고 있다. '정치에서 문화로의 전환'이 세계유산협약을 만들면서 대단한 성공을 거두었다고 말할 수 있다.

다른 한편으로, 정치에서 멀어지자고 한 결정이 사실 근본적으로 정치인들의 정치적 결정이었다는 아이러니한 상황 또한 주목할 필요가 있다. '누비아 캠페인'은 세계유산을 보호하기 위한 정치인들의 정치적 논의 끝에 광범위한 국제 협력을 이루어낸 최초의 국제적 사례라 볼 수 있다.

'누비아 캠페인'은 정치적 의제에서 벗어난 '문화적' 프로젝트이자 상징적인 캠페인이었다. 하지만 이는 모두가 평화로운 세계를 만들기 위해 국제 협력을 통해 엄청난 투자를 감행하는 데 사용된 일종의 정치 캠페인이었다고도 평가할 수 있다.

Part 3 - 산업

현대 정치, 사회, 문화 속 유네스코

키토의 예수회성당(La Compañía) _ Diego Delso 사진

1. 유네스코 세계유산은 어떻게 등재되는가?

✽

이제 유네스코의 세 번째 키워드인 '산업'을 살펴볼 것이다. 앞에서 보았듯이 유네스코는 두 차례의 세계대전 이후 국제 협력과 세계 평화를 위해 설립되었고, 설립 이후 꾸준히 다양한 측면에서 개발과 발전을 이루어 냈다. 오늘날 유네스코는 엄청난 세계적 산업이 되었다고 말할 수 있다. 유네스코는 167개 국가에 있는 1,154개의 세계유산을 보존하는 일 외에도 전 세계에 쓰나미 경고를 조정하고, 세계 모든 사람이 교육을 받을 수 있도록 프로그램을 진행하고, 지속력 있게 도시들을 설립하기 위해 노력하는 등 다양한 목표와 임무를 수행하고 있다. 이 단락에서는 유네스코의 여러 사업 가운데 세계유산 분야만을 집중적으로 다룰 것이다.

세계유산을 '산업'이라고 말할 수 있는 결정적인 이유는 바로 많은 기금이 관련되어 있다는 것이다. 일단 한 국가가 어느 특정 유적지를 세계유산으로 등재하기 위해서는 많은 국가 기금을 들여 전문가들을 고용하고, 연구를 위한 국제 심포지엄을 개최하고, 다양한 자문위원들에게 자문료 등을 지급해야 한다. 또한, 유적지를 세계유산으로 보존하고, 보호하고, 홍보하는 과정에도 기금을 투자해야 한다. 유적지가 성공적으로 세계유산으로 등재된 이후에도 꾸준히 보존과 홍보를 위한 기금이 들어간다. 그러나 세계유산으로 등재된 이후에는 그 지역이 관광객들로 인해 이익을 보는 경우도 많다. 왜냐하면, 국내와 국제 관광객들은 세계유산을 보기 위해 입장료만 내는 것이 아니라 그 근처에 숙소도 잡고, 음식도 사 먹고, 그 외에도 소모품들과 기념품들을 사는 경우가 많아서 세계유산 등재는 생각 이상으로 큰 산업이 된다고 해석할 수 있다. 자신이 살고 있는 지역의 유산이 국제적인 세계유산이 된다면 세계인들에게 그 지역에 대한 국제적 인지도가 생김으로써 많은 방문은 물론이고, 지역민들에게는 지역적 자부심이 고취되며 이미지 고양에도 큰 효과가 있다.

이와 같은 이유들로 인해 각 나라들은 국가 브랜드를 높이고자 더욱 유네스코 세계유산에 관심을 기울이고 있다. 유네스코 세계유산으로 등재하기 위해서는 철저한 준비가 필요하다. 이유인즉슨 유네스코의 심사 과정이 매우 엄격하기 때문이다. 유네스코 세계유산으로 등재되기 위해서는 다음의 다섯 가지 과정을 통과해야 한다.

❋

세계유산 등재를 위한 5단계 과정

어떤 유산이 세계유산으로 등재되기 위해서는 한 나라에 머물지 않는, 세계적으로 인정할 만한 탁월한 보편적 가치가 있어야 한다. '세계유산협약' 이행을 위해 유산이 가지고 있는 세계유산으로서의 탁월한 보편적 가치를 평가하기 위해 열 가지 평가 기준을 제시하고 있다. 첫 번째 기준부터 여섯 번째 기준까지는 '문화유산'에, 나머지 네 가지 기준은 '자연유산'에 해당된다.

이상 열 가지 평가 기준 이외에도 문화유산은 기본적으로 재질이나 기법 등에서 유산의 가치를 드러낼 수 있는 진정성을 보유하고 있어야 한다. 또한 문화유산과 자연유산 모두 유산의 가치를 유지하고 보여 줄 수 있는 완전성을 포함해야 하며, 유산 보호를 위한 보존 관리 체계가 수립되어 있어야 세계유산으로 등재될 수 있다.

유네스코 세계유산 등재 기준의 핵심은 '탁월한 보편적 가치'(OUV, Outstanding Universal Value)이다. '탁월한 보편적 가치'를 입증하기 위해 검토해야 할 중심 과제들은 영향력(Influence), 시간(Time), 장소(Place), 사람(People), 대상/주제(Subject/Theme), 형태 및 스타일(Form and Style), 그리고 사회적 가치(Social Value)이다.

이집트의 유물인 '아부심벨 신전'의 이전을 위한 '누비아 캠페인'의 성공 이후, 1972년 유네스코 총회에서 결의된 유네스코 '세계유산협약'은 주로 '문화유산'과 '자연유산'이라는 두 가지 범주에 중점을 두었다. 따라서 이 두 가지 유산 유형은 유네스코의 '세계유산협약 이행을 위한 운영지침'을 통해 정의되어 있다.

'세계유산협약' 제1조는 '문화유산'에 초점을 맞추었다. 문화유산은 세 그룹, 즉 기념물, 건물군, 유적지로 분류되었다.

'세계유산협약' 제2조는 '자연유산'에 초점을 맞추었다. 자연유산 또한 세 그룹으로 분류되어 있다. 탁월한 보편적 가치를 가진 물리적, 생물학적 생성물 또는 생성물의 집합체로 구성된 자연의 특징물, 지질학 및 지형학적 생성물과 멸종 위기에 처한 종의 서식지, 그리고 자연 유적지 또는 자연 지역이다. 차츰 시간이 흐르고 유네스코 총회가 점차 진행됨에 따라 유산 카테고리가 추가되었다.

두 가지 유산 유형이 공식적으로 발표되면서 회원국들은 자기 나라의 '문화유산'과 '자연유산'을 세계유산목록에 올릴 수 있게 되었다. 일반적으로 세계유산 등재를 위해서는 5단계의 과정을 거쳐야 한다. 물론 세계유산 등재는 세계유산위원회에 서명한 국가 중 문화 및 자연유산을 보호하겠다고 서약한 국가만이 세계유산목록에 포함될 수 있는 잠정목록을 제출할 수 있다는 점에 유의해야 한다. 등재 과정 1단계는 잠정목록 제출, 2단계는 등재 신청서 제출, 3단계는 자문 기구의 현지 실시 및 평가, 4단계는 세계유산위원회의 결정, 마지막 5단계는 세계유산 등재 기준의 설정이다. 그 과정을 간략하게 살펴보겠다.[33]

1단계 : 잠정목록 제출

세계유산으로 등재되기 위해 시작하는 첫 번째 과정은 '잠정목록' (Tentative List) 제출이다. 한 국가가 세계유산위원회에 가입한 후에는 세계유산목록 등재 신청에 적합하다고 판단하는 자국 내에 위치한 중요한 문화유산 및 자연유산의 '잠정목록'을 만들어야 한다. 잠정목록은 당사국이 향후 5년에서 10년 사이에 언제든 등재 신청을 위해 제출을 결정할 수 있고, 언제든지 업데이트될 수 있는 유산 정보를 제공하기 위한 것이다. 유네스코 세계유산으로 등재 신청할 대상이 될 유산이 사전에 당사국의 잠정목록에 포함되어 있지 않는 한 세계유산목록에 등재를 위한 신청서를 쓸 수 없기 때문에 이것은 중요한 단계라고 할 수 있다.

잠정목록은 중요한 계획 수단이다. 실제로 잠정목록을 통해 세계유산위원회와 자문기구들은 신청 지역과 장차 신청이 이루어질 유사한 곳과 비교하여 탁월한 보편적 가치가 있는 유산만을 선정하고 아울러 당사국이 후보 유산을 확정하도록 돕는다. 잠정목록은 과학적 조사와 유산에 대한 새로운 개념과 이해를 바탕으로 정기적으로 재검토한 후 다시 제출해야 한다.

2019년에 개정된 세계유산협약 이행을 위한 운영지침 64항은 당사국이 유적관리자, 지방정부, 지역사회, NGO와 기타 이해 관계자, 협력자 등 광범위한 이해 당사자가 참여하여 잠정목록을 작성할 것을 권고하고 있다.

잠정목록에 관한 세계유산협약 규정

협약 제11조 1항 : 협약 가입국은 … 세계유산목록에 포함될 가치가 있는 잠정목록을 세계유산위원회에 제출한다. …

2단계 : 등재 신청서 제출 – 등재 및 향후 관리를 위한 핵심 문서

세계유산으로 지정되는 두 번째 과정은 '등재 신청서'(Nomination File) 제출이다. 제출할 '잠정목록'을 준비하고 그 목록에서 해당 유산을 선택한 후에 세계유산센터(UNESCO World Heritage Centre)에 신청서를 제출하는 과정이다. 세계유산센터는 필요한 문서와 지도가 모두 포함되어 있는지 확인하면서, 가능한 한 완전한 신청서가 준비되도록 당사국에 조언과 지원을 제공한다. 그 다음 과정은 등재 신청서가 세계유산센터에 잘 제출되고 완료되었는지 확인하는 과정이다. 등재 신청서 제출이 완료되면 세계유산센터는 평가를 위해 등재 신청서를 해당 자문기구에 보낸다.

3단계 : 자문기구의 현지 실사 및 평가

세계유산으로 등재되는 세 번째 과정은 '자문기구의 현지 실사 및 평가'(Advisory Body)이다. 세계유산위원회는 독립된 평가를 위해 국제 전문 기구 세 곳을 자문기구로 지정하고 있다.

'세계자연보전연맹'(IUCN, International Union for Conservation of Nature)과 '국제기념물유적협의회'(ICOMOS, International Council on Monuments and Sites)은 각각 세계유산 등재를 신청한 자연유산과 문화유산들을 조사하고 평가하여 세계유산위원회에 등재 여부에 대한 의견을 제시한다. 또한 두 자문기구는 세계유산목록에 등재된 유산들의 관리 상태를 점검하여, 필요한 경우 세계유산위원회에 보호하는 역할도 수행하고 있다.

세 번째 자문기구는 '국제문화재보존복구연구센터'(ICCROM, The International Centre for the Study of the Preservation and Restoration of Cultural Property)로 세계유산목록에 등재된 유산뿐만 아니라 문화유산 전반에 대한 관리와 보존 정책, 복원 기술, 교육 활동에 대한 전문 조언을 제공하는 정부 간 조직이다.

4단계 : 세계유산위원회의 결정

세계유산으로 등재되는 네 번째 과정은 '세계유산위원회'(World Heritage Committee)의 결정이다. 이 단계는 제출된 등재 신청서를 가지고 자문기구가 현지 실사를 행하여 평가서를 제출한 후에 이루어진다. 세계유산으로 최종 결정을 내리는 것은 세계유산위원회의 몫이다. 세계유산위원회는 세계유산협약 운영에 있어 가장 중요한 의사결정기구로서, 세계유산협약 제8조에 의거해 세계 문화 및 자연유산 보호를 위한 정부 간 위원회로 설립된 조직이다.

세계유산위원회는 1년에 한 번 회의를 개최하며, 세계유산목록에 등재될 세계유산을 선정한다. 이때 등재 결정을 연기하고 당사국에 해당 세계유산에 대한 추가 정보를 요청할 수 있다.

5단계 : 세계유산 등재 기준의 설정

세계유산으로 등재되는 다섯 번째이자 마지막 과정은 해당 세계유산이 '세계유산 등재 기준' 가운데 어떤 기준에 해당하는지 증명하는 단계이다 (Criteria for Selection). 세계유산목록에 등재되기 위해서 해당 세계유산은 탁월한 보편적 가치를 가지고 있는 유산임을 밝혀야 한다. 열 가지의 세계유산 선정 기준 가운데 적어도 하나를 충족함으로 이를 증명할 수 있다.

(i) 인간의 창의성으로 빚어진 걸작에 해당하는 것

(ii) 특정한 시기 또는 특정한 문화권 내에서 건축이나 기술, 기념비적인 예술, 도시 계획이나 조경 디자인의 발전에 있어 인류 가치의 중요한 교류를 보이는 것

(iii) 현존하거나 이미 사라진 문화적 전통이나 문명의 유일하거나 적어도 독보적인 증거가 되는 것

(iv) 인류 역사에 있어 중요 단계를 예증하는 건물 양식, 건축적 또는 기술적 총체, 경관의 탁월한 사례에 해당하는 것

(v) 특히 되돌릴 수 없는 변화의 영향으로 취약해진 환경이나 인간의 상호작용이나 문화를 보여 주는 전통적 정주지나 토지 또는 바다의 이용을 예증하는 탁월한 사례에 해당하는 것

(vi) 탁월한 보편적 중요성이 있는 사건이나 살아 있는 전통, 사상이나 신앙, 예술 및 문학 작품과 직접 또는 유형적으로 연관된 것(위원회는 이 기준이 다른 기준과 함께 사용될 것을 권장함)

(vii) 최상의 자연 현상이나 뛰어난 자연미와 미학적 중요성을 지닌 지역을 포함하는 것

(viii) 생명의 기록이나, 지형 발전상 중요한 지질학적 주요 진행과정, 지형학이나 자연지리학의 특징물 등 지구 역사상의 주요 단계를 보여 주는 탁월한 사례에 해당하는 것

(ix) 육상, 민물, 해안 및 해양 생태계와 동식물 군락의 진화 및 발전에 있어 생태학적, 생물학적 과정을 보여 주는 탁월한 사례에 해당하는 것

(x) 과학이나 보존의 관점에서 볼 때 탁월한 보편적 가치가 있는 현재 멸종 위기에 처한 종 등 생물학적 다양성의 현장 보존을 위해 중요하고 의미가 큰 자연 서식지를 포괄하는 사례에 해당하는 것

2004년까지는 문화유산에 대한 여섯 가지 기준과 자연유산에 대한 네

가지 기준이 있었다. 그 이듬해인 2005년에, 세계유산에 대한 기준은 열 개의 기준 중 한 기준에만 충족되면 가능하도록 수정되었다. 그러므로 세계유산으로 등재되기 위해서는 열 가지 기준 중 하나 이상을 충족하는, '탁월한 보편적 가치'를 가진 유산임을 증명해야 한다.

✦

세계유산 등재 이후

세계유산으로 등재되기까지의 과정은 쉽지 않은 힘든 과정이다. 심사가 끝나고 '유네스코 세계유산'으로 등재되면 국제적인 보호와 함께 관련된 국제 기금과 지원을 받을 수 있는 등 여러 가지 혜택이 있다. 해당 유산은 국제 사회 전체의 철저한 보호 속에서 보존되는 세계의 유산이 되는 것이다. 여기에 큰 의미가 있다.

유네스코 세계유산 등재 이후에 발생할 변화는 크게 네 가지 정도로 살펴볼 수 있다. 등재 의의와 효과, 세계유산의 소유권 및 관리 책임, 국제 협력 및 지원, 세계유산의 국내 및 국제적 보호이다.

등재 의의와 효과

세계유산으로 등재된다는 것은 해당 유산이 어느 특정 국가 또는 민족의 유산을 떠나 인류가 공동으로 보호해야 할 가치가 있는 중요한 유산임을 증명하는 것이다. 저개발국의 경우 세계유산에 등재되면 세계유산기금(World Heritage Fund), 세계유산센터(World Heritage Centre), 국제기념물유적협의회(ICOMOS) 등 관련 기구를 통해 세계유산 보호에 필요한 재정 및 기술 지원을 받을 수 있다. 또한 국제적인 지명도가 높아지면서 관광객 증가와 이에 따른 고용 기회 발생, 수입 증가 등을 기대할 수 있다.

세계유산과 관련된 기금에는 여러 종류가 있다. 가장 기본이 되는 기금은 세계유산기금이다. 이는 세계유산협약 제15조와 제18조에 따라 '세계 문화 및 자연유산 보호 기금'으로 만들어진 것이다. 이 기금은 세계유산협약 가입국들의 의무 분담금와 자발적으로 제공하는 기부금, 여타 기관의 기증, 기금의 이자, 기금 모집을 위한 행사 수입 등으로 조성된다. 또한 긴급한 상황으로 국제적 보호가 필요한 경우 긴급 자금을 요청할 수 있는 단체가 있다. 여기에는 세계유산센터(World Heritage Centre), 국제연합기금(the United Nations Foundation), FFI(Fauna and Flora International) 등이 있다.

하지만, 우리나라를 비롯해 선진국들은 세계유산에 등재되어도, 해당 유산 보존을 위해 세계유산위원회로부터 재정 지원을 받는 경우는 거의 없다. 오히려 유네스코 세계유산으로 등재되는 성과를 낸 쾌거를 유네스코 신탁기금 등을 통해 나타냄으로써, 이를 저개발국 유산 보존에 기여할 수 있는 계기로 삼는 것이 보편적이다.

세계유산의 소유권 및 관리 책임

세계유산으로 선정되어도 해당 유산의 소유권이나 관리는 이전과 변화가 없으며, 당사국의 세계유산 소유권이나 관리는 국내법의 적용을 받는다. 다만, 세계유산위원회는 당사국이 세계유산을 적정하게 보호, 관리하고 있는지 주기적으로 보고서 제출을 요구할 수 있으며, 필요한 경우 현지 조사를 실시하기도 한다.

국제 협력 및 지원

세계유산위원회는 세계유산협약에 따라 긴급 지원, 예비 지원, 기술 지원, 훈련 및 연구 지원, 교육, 정보 및 인식 제고 지원 등 다섯 가지 형태를 규정하여 국제 지원 사업을 행하고 있다. 세계유산기금을 바탕으로 국제적 지원이 이루어진다. 세계유산위원회는 세계유산기금을 가지고 세계유산 지역의 보호를 위한 당사국의 활동을 보완한다. 또한 세계유산기금에 기부금을 납부한 당사국은 다양한 형태의 국제적 지원을 받을 수 있는 자격을 얻게 된다.

- **긴급 지원**

  갑작스럽고 예기치 못한 자연적, 인위적 현상 때문에 피해 위험이 임박한 지역을 대상으로 지원한다.

- **예비 지원**

  잠정목록을 준비하거나 갱신하는 등 잠정목록 작성을 위한 회의 개최, 세계유산목록 신청 준비, 훈련 과정을 시작하거나 이에 관련된 신청 등에 관한 기술 협력 준비를 지원한다.

- **기술 지원**

  세계유산 지역의 보존과 관리를 위한 전문가와 장비를 지원한다. 국제 지원 가운데 수요와 배분액 면에서 가장 큰 부분을 차지한다.

- **훈련 및 연구 지원**

  세계유산의 확인, 보호, 보존, 홍보, 기능 회복 등의 분야에서 일하는 담당자 훈련 또는 세계유산 지역에 필요한 연구와 과학적 조사 등을 목적으로 한 훈련 및 연구를 지원한다.

- **정보, 인식 제고 지원**

  세계유산협약에 대한 인식 제고를 목표로, 인쇄물 발간, 번역, 정보 자료 등의 지원 사업을 한다.

세계유산의 국내 및 국제적 보호

유네스코 세계유산 보호를 위한 국내 및 국제적 보호에 대한 협약은 다음과 같다.

첫째, 유네스코에 가입한 회원국은 문화유산과 자연유산의 정의에 따라 자국 내에 위치한 문화 및 자연유산을 식별하고 이를 보호, 보존, 활용하고 자라나는 세대에 전승시키는 것이 자국에 부과된 최우선의 의무라는 것을 인식한다. 이를 위해 회원국은 자국이 갖는 모든 능력을 활용하고 또 필요한 경우에는 국제적 원조 및 협력, 특히 재정, 예술, 과학기술적 원조와 협력을 얻어 자국의 유산 보호에 최선을 다하도록 한다.

둘째, 각 회원국은 자국 내에 위치하는 문화 및 자연유산의 보호, 보존 및 활용을 위해 효과적이고 적극적인 조치가 취해질 수 있도록 국가에서 정한 적합한 조건 아래에서 다음과 같이 노력한다. 각 회원국은 지역사회가 문화 및 자연유산을 보호하는 데 주도적인 역할을 수행하도록 하며, 지역의 개발 계획에 유산 보호가 반영될 수 있도록 종합적인 정책을 수립하여 운영하도록 한다. 문화 및 자연유산의 보호, 보존 및 활용을 위한 기관이 설치되어 있지 않은 경우, 합리적인 직원 체제를 갖추어 특히 임무 수행에 필요한 수단을 갖는 기관을 한 개 또는 두 개 이상 자국 내에 설치한다. 학문적, 기술적 연구 및 조사를 지속적으로 진행하고, 자국의 문화유산과 자연유산을 위협하는 위험에 대처하기 위해 구체적인 보호 방안을 작성한다. 문화유산과 자연유산의 지정, 보호, 보존, 활용 및 기능 회복에 필요한 법적, 과학적, 기술적, 행정적, 재정적 조치를 취한다. 문화유산과 자연유산의 보호, 보존 및 활용의 분야에 있어서 전국적 또는 지역적 훈련 기구의 설치와 확충을 촉진하고 이 분야에 대한 학문적 연구를 장려한다.

셋째, 각 회원국은 세계유산목록에 등재된 문화유산과 자연유산이 세계의 유산이라는 것을 명심하고, 등재된 세계유산의 보호에 협력하는 것이 국제 사회 전체의 의무라는 것을 인식한다. 이 경우에 있어서 등재된 세계유산이 위치한 국가의 주권을 충분히 존중하며, 당사국의 국내법이 정한 재산권을 침해하지 않도록 한다. 그리고 세계유산협약 제11조 2항과 4항에 규정된 문화 및 자연유산의 지정, 보호, 보존 및 활용에 있어, 해당 유산이 위치한 국가의 요청에 응해서 원조를 제공하도록 한다. 또한 다른 회원국의 영토 내에 위치하는 유산에 직접 또는 간접으로 손상을 입힐 위협이 있는 조치를 고의로 취하지 않을 것을 약속한다.

넷째, 세계유산협약을 적용함에 있어, 세계의 문화유산과 자연유산의 국제적 보호란, 협약가입국이 행하는 유산의 보존 및 지정 노력에 대해서 지원을 보내기 위한 국제적 협력 및 원조 체제의 확립을 말한다.

2. 유네스코가 말하는
'탁월한 보편적 가치'란 무엇인가?

⊛

세계 문화 및 자연유산 보호 협약(Convention Concerning the Protection of the World Cultural and Natural Heritage), 일명 '세계유산협약'(the World Heritage Convention)을 강력하게 결속시키는 것은 '탁월한 보편적 가치'(OUV: Outstanding Universal Value) 개념으로, 유네스코에 따르면 아래의 내용을 의미한다.

> … 탁월한 보편적 가치를 가진 유산은 국경을 초월할 만큼 문화와 자연적인 중요성이 매우 뛰어나며, 현재와 미래의 모든 세대에게 공통적으로 중요한 유산이 된다. 따라서 국제 사회 전체는 탁월한 보편적 가치를 가진 유산을 영구적으로 보호해야 한다. (세계유산협약 2008:16)

'탁월한 보편적 가치(Outstanding Universal Value)는 문자 그대로 탁월한 가치와 보편적 가치를 말한다. 탁월한 가치는 다른 것과 비교하여 대체 불가능한 특별하고 뛰어난 가치를 말하며, 보편적 가치는 인간과 인간 환경에 보편적으로 있는 가치를 말한다.

모든 세계유산은 '모든 사람의 재산'임을 강조하는 개념

세계유산협약은 유산이 될 만한 기념물이나 건물들을 다룰 때 '역사와 예술 또는 과학의 관점'에서, 그리고 질문에 관한 경우에는 '역사적, 미학적, 민족학적 또는 인류학적 관점'에서 '탁월한 보편적 가치'의 요건을 설정한다. '탁월한 보편적 가치'라는 개념을 포괄적으로 이해하기 위해서는 '탁월한 보편적 가치' 안에 어떤 생각과 개념이 들어 있는지 살펴보아야 한다. '탁월한 보편적 가치'라는 개념은 민족 국가, 학문, 정치화에 대한 여러 생각에서 시작되었다. 이를 좀 더 구체적으로 살펴본다면, 세계유산협약의 핵심 개념인 '탁월한 보편적 가치'는 서구의 정치, 지적 및 도덕적 가치에 대한 유럽의 계몽주의에서 비롯되었다.

유엔과 유네스코는 각각 제1차 세계대전과 제2차 세계대전 이후에 출범했으며 그들의 목적과 동기는 '평화'를 만들고, 평화를 유지하자는 것이었다. 이러한 맥락에서 '탁월한 보편적 가치'의 핵심 개념은 '민주적, 합리적, 낙관적, 인간적, 관용적, 자유적'이라고 정의할 수 있다(Finn 1983:41).

유네스코는 '탁월한 보편적 가치'의 개념을 세워 문화 및 자연유산을 보호하는 일을 통해 인류 공동의 자산을 함께 지키자는 다짐을 이끌 수 있도록 했고, 국제 사회를 하나로 묶는 일에 활용했다. 유네스코는 '탁월한 보편적 가치'라는 개념을 통해 문화 및 자연유산은 인류 모두의 공동 소유이기 때문에 유산이 손상되거나 손실된다면, 당연히 모든 인류와 후대 자손 전체의 공동 자산이 사라지는 것이라고 세계유산협약을 만들어 세계유산 보호를 전 세계에 강력히 주장했다.

'탁월한 보편적 가치'에 대한 이론적 고찰

'탁월한 보편적 가치'를 크게 설명하자면, 대체 불가능한 유산에 대한 관심이라고 할 수 있다. 여러 유산은 각각 과거의 장소와 사건을 이해하는 데 도움을 주는 하나의 조각으로서 존재한다. 유산은 현재의 인간과 인간 환경에 보편적인 영향을 주는 인류 모두가 공동으로 가지는 보물의 일부이다. 이렇게 존재하는 대체 불가능한 각각의 유산들이 모여서 세계유산을 이루는 것이다. 이 맥락에서 유네스코는 '탁월한 보편적 가치'를 갖는 문화 및 자연유산 보호를 위한 정부 간 위원회인 '세계유산위원회'(the World Heritage Committee)를 설립했다. '탁월한 보편적 가치'에는 보편주의와 함께 예외주의, 인권 및 문화적 다양성에 관한 생각과 개념이 들어 있다.

먼저, '예외주의'(Exceptionalism)와 관련하여 '탁월한 보편적 가치' 개념을 살펴보겠다. 인류 모두의 '유산'으로 삼아야 할 것이 무엇인지 정의하기 위해 역사적으로 여러 시도와 접근이 있었다. 그 접점에서 볼 수 있는 것이 '예외주의'이다. 세계에는 특별한 가치를 부여할 유산이 존재한다는 인식이 있어 왔다. 이러한 인식을 통해 문화적 또는 자연적 예외가 있음을 깨닫고 예외주의라는 개념이 진행되었다.

라바디(Labadi)는 '예외주의' 개념을 통해 어떤 유산은 전 세계의 모든 사람과 사회가 예외적이고 가치가 있는 것으로 간주하여 인류 전체가 보호해야 할 가치가 있는 유산으로 인정해야 한다고 설명한다. 이러한 문맥에서 볼 때 '예외주의'는 전 세계의 일부 특정 유산은 너무나 예외적으로 가치가 있기 때문에 모든 사람은 그 유산을 동일하게 예외적으로 평가하고 받아들일 수 있다는 개념과 연결된다. 따라서 일부 특정 유산은 사회적, 경제적,

문화적 또는 지리적 차이에 따라 분류하는 것이 아니라 모든 인류에게 속한 유산으로 보호하고 인식하는 데 초점을 맞춰야 한다는 것이다(Labadi 2013).

'탁월한 보편적 가치'와 관련된 '예외주의'의 개념은 시간이 지남에 따라 더욱 발전해 왔지만, 근본적인 아이디어는 '탁월한 보편적 가치'를 정의하는 핵심 개념이 되었고, 유네스코 세계유산을 선정하는 기준을 세우는 중요한 기반으로 남아 있다.

다음, 인권에 대해 생각해 보겠다. 유엔 총회는 1948년 '세계인권선언' (the Universal Declaration of Human Rights)을 채택했다. 특히 앞서 '제1차 세계대전'과 '제2차 세계대전'이 발생하게 된 맥락을 고려할 때 이는 기념비적인 움직임이었다. '세계인권선언'을 통해 세계는 본질적으로 차별 없이 모든 인간의 평등을 인정하며 인간의 존엄과 인권을 보장하고자 했다. 참으로 이는 전쟁과 차별의 공포를 뒤로하고 평화를 구축하기 위한 세계의 노력이었다.

'세계인권선언'에는 '평등'에 대한 강력한 강조가 들어 있다. 어떤 문화가 다른 문화보다 우월하지 않다는 생각을 강하게 강조하는 선언이라고 할 수 있다. 여기에서 우리는 인권 존중에 대한 개념을 담은 이 선언이 인종에 대한 차이와 차별로 인해 발생한 홀로코스트의 공포를 세상이 경험한 이후에 등장했다는 사실을 기억할 필요가 있다.

'탁월한 보편적 가치' 내에서 예외주의, 인권의 개념과 연결되는 것은 '문화적 다양성'이다. '문화적 다양성'의 개념은 다른 문화에 대한 수용과 존중의 정신과 연결되어 있다. 달리 말하자면, '문화적 다양성'이란 서로 다른 부분을 수용하고, 긍정적으로 바라보는 개념이다. 세계는 분명히 두 번의 세계대전을 통해 서로 다름에 대해 차별하지 말아야 한다는 교훈을 배웠다.

'탁월한 보편적 가치'는 차별이 아닌, '문화적 다양성'과 맞물려 있는 개념이다. 특정한 문화의 진정성 있고 창의적인 다양한 표현은 세계의 자랑, 자산으로 받아들여야 하는 것이지 차별의 대상이 아닌 것이다. 세계유산협약은 인류의 공동 유산들이 폭넓은 시공간에 걸쳐 다양한 형태를 취하고 있음을 선언함으로써 '문화적 다양성'이라는 개념을 구체화했다.

'인류 공동의 유산'이 현재와 미래 세대의 이익을 위해 존재해야 함을 인식하고, 전 세계가 공동의 유산을 함께 보존하기 위해 교류하고, 혁신적이고 창의적인 생각과 행동으로 나아가기를 이 글을 통해 다시 한번 강조한다.

유네스코는 세계유산협약에 근거하여 '탁월한 보편적 가치'를 가진 문화 및 자연유산을 세계유산으로 지정하여 국가적, 국제적 차원에서 보호하고 보존하는 길을 열었다. '문화유산'(예 : 기념물 또는 건조물군 등)을 지정할 때에는 해당 유산이 '탁월한 보편적 가치'를 가지고 있음을 증명하기 위해 역사적, 예술적, 또는 과학적 관점에서 평가 기준을 정했다. '자연유산'을 지정할 때에는 미학적 또는 과학적 관점에서 평가 기준을 만들었다. 이를 위해 세계유산위원회는 '세계유산협약 이행을 위한 운영 지침'(WHC 2008:23,24)을 통해 '탁월한 보편적 가치 평가 기준'을 열 가지로 정의하여 제시했다.

그리고 유산이 '탁월한 보편적 가치'를 가지고 있음을 인정받기 위해서는 완전성, 진정성의 조건 또한 충족해야 하며, 해당 유산을 안전하게 보호할 수 있는 적절한 보호와 관리 체계를 갖추어야 한다. 요컨대 문화유산은 진정성과 완전성의 조건을 모두 충족해야 하며, 자연유산은 해당 유산의 성격에 따라 완전성의 조건을 충족해야 한다.

진정성과 완전성에 대해 살펴보겠다. 진정성(Authenticity)은 속성과 탁월한 보편적 가치의 연관이며, 완전성(Integrity)은 탁월한 보편적 가치가 있기 위해 필요한 속성들의 완전함과 손상되지 않은 것을 가리킨다. 세계유산으로 등재하기 위해 심사서류를 낼 때 대부분 진정성과 완전성에 대한 설명은 미리 작성하기 어렵다. 그 이유는 진정성과 완전성에 대한 설명은 과거가 아닌 현재의 상태에 걸맞게 쓸 필요가 있기 때문이다.

강조하자면, '탁월한 보편적 가치'의 개념이 세계유산협약의 핵심이라고 말할 수 있다. 이 개념에는 기능적 역할과 상징적 역할이 모두 담겨 있다.

기능적 역할과 관련하여 '탁월한 보편적 가치' 개념은 유산이 세계유산으로 지정되기 위한 필수 전제 조건이다. 유산을 세계유산목록에 등재하기를 원한다면, 해당 유산이 '탁월한 보편적 가치'를 가진 유산으로 인정될 수 있도록 '세계유산협약 이행을 위한 운영 지침'의 '탁월한 보편적 가치 평가 기준'의 열 가지 기준 중 적어도 하나를 충족해야 한다. '탁월한 보편적 가치'에 대한 설명은 향후 세계유산 보호 및 관리를 위한 기반을 제공하므로 전체 프로세스에서 매우 중요하다. 따라서 '탁월한 보편적 가치'의 개념은 유네스코가 세계유산목록으로 선정할 만한 유산을 선정하고 등록하기 위해 개발한 기준의 중심축의 역할을 한다.

상징적 역할과 관련하여 '보편적'이라는 개념은 차별을 유발할 수 있는 모든 생각에서 떠나야 할 것을 가리키기 때문에 매우 중요하다. 이는 국가를 넘어서 전 세계에 보편적으로 통하는 개념을 말한다. 즉, '탁월한 보편적 가치'는 세계유산 지정을 위해 노력하는 국가들이 분열보다는 단결에 초점을 맞추도록 인도한다. 유네스코가 세계유산협약을 통해 '탁월한 보편적 가치'의 개념을 내세운 것은 세계가 서로 다른 문화와 전통을 인식하도록 이끌어 세계 평화를 유지하려는 의식적인 노력으로 볼 수 있다. 이것은 유엔과 유네스코 형성의 역사, 제1차 세계대전, 제2차 세계대전의 역사와 깊은 관련이 있다. 따라서 유네스코 세계유산에 대해 배우거나 이해할 때 그 맥락적 배경으로 두 번의 전쟁과 유엔과 유네스코 형성의 역사를 다루는 것의 중요성을 다시 한번 더 강조할 필요가 있다.

'탁월한 보편적 가치'를 가진 세계유산의 예 : 중국 만리장성

유네스코 세계유산 웹 사이트에서 세계유산목록을 살펴보면, '탁월한 보편적 가치 선언문'을 누구나 쉽게 발견할 수 있을 것이다. 유네스코는 유네스코의 세계유산 웹 사이트(https://whc.unesco.org/)를 통해서 각 유산의 사이트, 지도, 문서, 갤러리, 비디오 및 지표에 대한 모든 설명을 자세히 기록해 두고 있다. 그리고 세계유산목록의 간략한 설명을 영어, 프랑스어, 아랍어, 중국어, 러시아어, 스페인어, 일본어 및 네덜란드어 등 여러 언어로 제공하고 있다. 유네스코의 웹 사이트를 통해 세계유산목록에 등재된 모든 세계유산의 '탁월한 보편적 가치'에 대한 기록을 발견할 수 있다.

세계유산목록에 들어간 세계 각국의 많은 유산 가운데 하나의 '사례 연구'로 중국의 만리장성(the Great Wall, 1987년에 세계유산으로 등재됨)에 대한 '탁월한 보편적 가치' 기준을 살펴보고자 한다.

만리장성 _ Hao Wei 사진

만리장성은 거의 모든 전 세계 사람들이 알고 있는 세계적인 유적지로 앞서 살펴본 중세의 세계 7대 불가사의에도, 현대의 세계 7대 불가사의에도 포함되어 있다. 불가사의한 세계의 건축물인 까닭에 만리장성은 전 세계 많은 사람이 무수히 방문했고, 지금도 많은 사람이 직접 방문하여 보고 싶어 하는 소중한 문화유산 유적지이다. B.C.220년 진시황 때 외적의 방어를 위해 축조를 시작해, 수세기에 걸쳐 계속 보강되다가 명나라 때인 1368년에서 1644년까지 계속 축조해 완성한 성벽으로 세계 최대의 군사 구조물이라 할 수 있다. 당연히 만리장성에 대한 다큐멘터리, 영화, 책, 다양한 연구 등이 엄청나게 존재하고 있다.

만리장성의 유명세 때문에 만리장성이 유네스코 세계유산으로 지정되었는가? 유네스코가 그러한 이유 때문에 만리장성을 세계유산으로 지정하지는 않았을 것이다. 왜 유네스코가 만리장성을 세계유산으로 지정했는지 분석해 보면 만리장성이 갖고 있는 세계유산으로서의 가치와 의미를 잘 알 수 있을 것이다. 온전히 유네스코의 관점으로 만리장성을 살펴봄으로써 세계유산협약의 핵심 '탁월한 보편적 가치'의 이해를 높이고자 한다.

만리장성을 비롯해 유네스코 세계유산으로 등재된 모든 유산이 각각 갖고 있는 '탁월한 보편적 가치'에 대한 설명은 일반적으로 다음의 다섯 가지 내용을 포함하고 있다. 첫째 해당 유산에 대한 간단한 설명, 둘째 해당 유산에 대한 유네스코 세계유산 등재 기준, 셋째 해당 유산의 진정성, 넷째 해당 유산의 완전성, 다섯째 해당 유산의 보호 및 관리 요구 사항이다.

첫째, 만리장성에 대한 간단한 설명(Brief synthesis)

'탁월한 보편적 가치' 부분의 첫 단계는 해당 유산의 간단한 설명, 곧 배경을 다루는 것이다. 그러므로 만리장성을 다룰 때에도 먼저 만리장성에 대한 간단한 설명이 가장 먼저 등장한다. 만리장성에 관한 간단한 설명은 두

부분으로 정리되어 있는데 첫 번째 부분은 만리장성의 역사와 고고학적 정보, 두 번째 부분은 만리장성이 유네스코 세계유산목록에 등재될 수 있었던 의의와 가치를 정리하고 있다.

• **설명 1 : 역사와 고고학적 정보**
- 만리장성은 B.C.3세기부터 A.D.17세기까지 지속적으로 군사 방어를 목적으로 중국 북쪽 국경에 건설된 성벽으로, 총 길이는 2만 킬로미터가 넘는다.
- 만리장성은 동쪽 허베이성(Hebei) 산하이관(Shanhaiguan)에서 시작하여 서쪽 간쑤성(Gansu) 자위관(Jiayuguan)에서 끝난다.
- 만리장성을 이루는 주요 시설은 성벽, 말이 달릴 수 있는 길, 망루, 요새와 성벽을 따라 설치된 보루와 출입구 등이 있다.

Source: https://whc.unesco.org/en/list/438

• **설명 2 : 의의와 가치**
- 만리장성에는 고대 중국의 농업 문명과 유목 문명 간에 일어난 충돌과 교류의 흔적이 반영되어 있다.
- 만리장성은 당시 고대 중국 제국이 가진 정치적이고 전략적인 원대한 계획과 당시의 강력한 국방력을 확인할 수 있는 물리적 증거가 되는 축조물이며, 당시의 뛰어난 군사 시설 건축, 기술, 예술이 반영된 훌륭한 예이다.
- 만리장성은 국가와 국민의 안전을 보호하는 국가적 상징으로서 비교 불가한 존재이다.

Source: https://whc.unesco.org/en/list/438

두 번째 설명 부분에 기술되어 있는 '반영되다', '증거', '훌륭한 예', '비교 불가하다' 등의 단어를 통해 현재 사회에서 만리장성이 갖고 있는 가치를 분명히 알 수 있도록 한다. 만리장성을 설명하는 이러한 단어들로 인해 만리장성의 가치는 옛것으로 머물지 않고 '오늘날'의 가치를 드러낼 수 있다. 오랜 역사 속에서 수많은 사람들의 협업을 통해 세계 최고의 군사 구조물로 축조된 만리장성은 현재와 미래에 길이 남길 만한 성벽으로 '탁월한 보편적 가치'를 가진 세계유산의 탁월한 예이다.

유네스코의 세계유산협약을 통해 세계유산의 가치, 의미 및 중요성이 지속적으로 주장되고, 정의되고, 재정의되고, 만들어지고, 강조되고, 구성되고 때로는 해체될 수 있음을 분명히 알 수 있다.

둘째, 만리장성에 대한 기준(Criterion)

유네스코 세계유산에 등재하기 위해서는 해당 유산이 '탁월한 보편적 가치'를 가지고 있어야 하며, 유네스코가 정한 등재 기준 열 가지 가운데 적어도 하나를 충족해야 한다. 그런 면에서 만리장성은 '탁월한 보편적 가치'와 함께 유네스코 세계유산 등재 기준 (i), (ii), (iii), (iv), (vi)를 충족했다.

유네스코 세계유산 등재 기준

유네스코 **기준 i** 인간의 창의성으로 빚어진 걸작에 해당하는 것
명나라 시대의 만리장성은 엄청난 공사 수행의 특징뿐 아니라 건축학적으로도 완성도가 높은 절대적인 걸작이다. 사람의 손으로 만들어진 지구상의 구조물 가운데 달에서 볼 수 있는 유일한 건축물인 만리장성은 광대한 대륙의 풍경과 잘 어우러진 건축물의 완벽한 예라 할 수 있다.

유네스코 **기준 ii** 특정한 시기 또는 특정한 문화권 내에서 건축이나 기술, 기념비적인 예술, 도시 계획이나 조경 디자인의 발전에 있어 인류 가치의 중요한 교류를 보이는 것
춘추 시대에 중국인들은 북쪽 국경을 따라 방어벽을 구축할 때 독자적인 건설 공법과 공간 구성 모델을 확립했다. 만리장성 축조 공사를 위해 투입되는 인구의 이동으로 중국의 확산은 더욱 두드러졌다.

현존하거나 이미 사라진 문화적 전통이나 문명의 유일하거나 적 어도 독보적인 증거가 되는 것

만리장성은 고대 중국 문명을 보여 주는 탁월한 증거이다. 간쑤성에 보존되 어 있는 서한 시대 군사 기지 안에 있는 성벽은 흙을 다져 채워 넣는 방식 으로 축조되어 있다. 이는 명나라의 감탄스럽고 보편성을 지닌 석조 기술이 라는 찬사를 받는다.

인류 역사에 있어 중요 단계를 예증하는 건물 양식, 건축적 또는 기술적 총체, 경관의 탁월한 사례에 해당하는 것

만리장성은 복합적이고 통시적인 문화재로서 2,000년 동안 오직 전략적 목 적으로 유지된 군사 건축물의 특별한 예이다. 또 한편 만리장성 건축의 역 사는 계속 발전하는 방어 기술과 변화하는 정치 상황 속에서 계속 진보해 왔음을 보여 준다.

탁월한 보편적 중요성이 있는 사건이나 살아 있는 전통, 사상이 나 신앙, 예술 및 문학 작품과 직접 또는 유형적으로 연관된 것(위 원회는 이 기준이 다른 기준과 함께 사용될 것을 권장함)

만리장성은 중국의 역사에서 비교 불가한 상징적 의미를 갖고 있다. 만리장 성의 축조 목적은 외적의 침입을 막아 내는 방어 수단이자 외적의 관습으 로부터 중국 문화를 보존하는 데 있었다. 만리장성의 축조 과정에는 중국 백성들의 고난의 세월이 들어 있는데 이는 중국 문학에서 매우 중요하게 참고하는 자료 가운데 하나였다. 진림(陳琳, A.D.200년경)의 《음마장성굴행(飮 馬長城窟行)》, 두보(杜甫, 712~770)의 여러 시, 명나라 시대의 대중적인 여러 소설 등의 작품 속에서 그 내용을 발견할 수 있다.

Source: https://whc.unesco.org/en/list/438

만리장성이 유네스코 세계유산으로 등재되기 위한 충분한 조건을 갖추 었다는 것을 증명하기 위해 이 부분에서 '완성도가 높음', '절대적인 걸작', '완벽한 예', '탁월한 증거', '비교 불가한 상징적 의미' 등의 매력적인 단어들

이 사용되고 있음을 볼 수 있다.

셋째, 만리장성의 완전성(Integrity)

이 부분에서는 만리장성의 완전함과 온전함을 통해 완전성을 보여 준다. 만리장성의 완전성에 대한 설명은 다음과 같다.

> 만리장성은 모든 물질적, 정신적 요소와 역사적, 문화적 정보를 통합적으로 보존하고 있는 탁월한 보편적 가치를 가진 유산이다. 만리장성에는 다양한 시대에 축조된 성벽, 요새, 검문소, 망루 등의 복잡한 방어 시설 등이 포함되어 있다. 이러한 구조물들과 함께 2만 킬로미터가 넘는 만리장성의 전체 경로는 현재까지 잘 보존되어 있다. 다양한 시대와 장소에 따라 쌓아온 만리장성의 축조 방법은 통합적으로 유지되어, 만리장성이 국가적, 문화적으로 갖고 있는 비할 데 없을 만큼 중요한 가치는 오늘날에도 여전히 인정받고 있다. 팔달령(Badaling)에는 관광객들을 위한 시설과 케이블카가 운영되고 있다. 이는 시각적 완전성 부분에 부정적인 영향을 미친다고 할 수 있다.
>
> Source: https://whc.unesco.org/en/list/438

이 부분에서는 해당 유산의 전체적인 보존 상태와 유산의 부분적인 요소들의 보존 상태에 대한 정보를 자세히 설명한다. '비할 데 없는, 중요한' 등의 단어를 사용함으로 만리장성이 갖고 있는 '탁월한 국가적, 문화적 중요성'을 밝히는 동시에 완전하게 유지되어 있는 부분을 부각하여 완전성을 드러내고 있다.

넷째, 만리장성의 진정성(Authenticity)

진정성은 고고학, 유산학, 그리고 세계유산과 관련하여 중요한 또 다른 핵심 주제이다. 진정성은 현재 남아 있는 유산이 원래 만들어졌을 때의 독창적 가치를 유지하고 있는지를 확인하는 요소이다.

현재 보존되어 있는 만리장성은 원래의 위치, 재료, 형태, 기술 및 구조를 잘 유지하고 있다. 만리장성의 방어 시스템을 이루는 다양한 구조의 설계와 구성이 원래 그대로 현재에도 잘 유지되어 있는 것이다. 또한 만리장성은 해당 지형과 완벽한 조화를 이루는 구불구불한 경관이 잘 형성되어 있고, 만리장성을 통해 알 수 있는 군사적 개념들 또한 진정성 있게 보존되어 있다. 그러나 부적절한 관광 시설의 건설로 인해 만리장성의 진정성은 위험에 처할 가능성이 있다.

Source: https://whc.unesco.org/en/list/438

이 부분에서는 "현재 보존되어 있는 만리장성은 원래의 위치, 재료, 형태, 기술 및 구조를 잘 유지하고 있다."라는 설명으로 만리장성의 가치가 진실하고 신뢰할 수 있게 유지되고 있음을 확인하여 만리장성의 진정성을 밝히고 있다. 또한 만리장성의 방어 시스템을 이루는 요소들의 유지 상황, 주변 경관과의 조화 등의 보존 여부를 밝혀 진정성의 조건을 충족하고 있음을 명확히 설명한다. 동시에 만리장성의 진정성을 유지하는 데 취약한 부분 또한 지적하여 평가하고 있다.

다섯째, 만리장성의 보호 및 관리 요구 사항
(Protection and management requirements)

마지막 부분에서는 현재의 법적 보호, 장기적 보호, 특정 보존 및 관리 조치, 그리고 해당 유산의 '탁월한 보편적 가치' 보호에 대해 다룬다.

• **법적 보호 부분** : 만리장성은 우선적으로 중화인민공화국 문화 유물 보호법(Law of the People's Republic of China on the Protection of Cultural Relics)에 의해 보호받는다. 특별히 만리장성의 보호를 위한 지침(Regulations on the Protection of the Great Wall)이 2006년에 제정되었다.

- **장기적 보호 부분** : 만리장성 보존 계획(Great Wall Conservation Plans)은 지속적으로 확장되고 개선되고 있다. 마스터플랜부터 지역 단위의 계획과 구체적인 계획까지 만리장성이 보존될 수 있도록 포괄적으로 보존 및 관리에 대한 보장을 하고 있다.

- **특정 보존 및 관리 조치 부분** : 문화유산을 관장하는 중국의 중앙 행정부와 만리장성 구역을 관장하는 지역 행정부는 만리장성 관할 지방 정부가 만리장성의 보존과 경영을 잘 수행하고 있는지 지도할 책임이 있다.

- **탁월한 보편적 가치 보호 부분** : 만리장성의 탁월한 보편적 가치와 그에 관한 모든 것은 통합적이고 영구적인 보호를 받아야 한다. 이를 위해 만리장성의 방대한 규모, 지역 간에 연결되어 있는 부분, 보호 및 보전을 위한 복잡한 조건, 관리 절차 및 규정, 원형 보호, 관광 관리 등 만리장성의 특성을 잘 고려하여 체계적, 과학적으로, 또한 우선순위를 잘 설정, 분류하여 효율적이고 종합적으로 관리할 수 있어야 한다. 원형 그대로 보존하기 위해 효율적이고 구체적인 보존 방법을 수립하며, 만리장성 지역에 사는 주민들과 해당 지역의 문화유산을 개발하고 보호할 때 꾸준히 좋은 관계를 유지할 수 있도록 노력해야 한다. 한편, 만리장성의 탁월한 보편적 가치 연구와 보급을 강화하여 사회적, 문화적 이익을 최대치로 얻고, 이를 지속 가능할 수 있도록 해야 한다.

Source: https://whc.unesco.org/en/list/438

지금까지 '탁월한 보편적 가치'를 가진 문화유산의 예로 만리장성을 살펴보았다. 유네스코 세계유산을 다룸에 있어 '탁월한 보편적 가치'는 계속 강조해도 지나치지 않다. 특히, '보편적' 가치에 대해 지속적으로 반복하는 것은 '보편적'이라는 개념이 이전 전쟁을 통해 경험한 '차별'이라는 공포에서 나온 것임을 강조하고 싶어서다. 다시 말해, 유네스코는 '보편적'이라는 단어를 통해 세계가 서로 다른 나라, 다른 문화에 대한 존중을 중요하게 여기도록 이끄는 역할을 하고 있다고 볼 수 있다.

다시 한번 정리하자면, 유네스코는 세계 평화와 인류 발전에 기여하기 위해 탄생한 유엔의 전문 기구이다. 유네스코는 교육, 과학, 문화, 정보 커뮤니케이션 분야에서 국제 협력을 촉진하여 세계의 여러 국가가 각각 가지고 있는 보편적 가치를 지키고 존중하면서 세계 평화와 지속 가능한 발전을 이루는 데 조직의 핵심을 두고 있다. 유네스코가 추구하는 핵심이 교육, 과학, 문화, 정보 커뮤니케이션 분야였기 때문에 세계유산에 대한 스포트라이트가 가능했고, 의미가 있었다. 세계 문화 및 자연유산이 결합된 '세계유산'은 문화 다양성에 대한 인식과 수용을 표현하는 데 있어 전 세계를 하나로 묶을 수 있는 강력한 수단이 되었다.

3. 유네스코 세계유산 형태들은 무엇인가?

✿

1972년 '세계 문화 및 자연유산 보호 협약'(Convention Concerning the Protection of the World Cultural and Natural Heritage), 일명 '세계유산협약'(the World Heritage Convention)이 제정된 이후, 유산에 대한 아이디어와 개념과 해석은 놀라울 정도로 계속해서 확장되어 갔다. 이러한 확장으로 인해 더 많은 유산의 카테고리들이 도입되었다. 즉, 기존의 두 가지 형태의 '문화유산'(Cultural Heritage)과 '자연유산'(Natural Heritage) 만으로는 과거의 광범위한 유산의 형태들을 담기에는 역부족이었다. 세계가 다양한 형태의 유산 즉, 복합유산, 무형문화유산, 기억유산 등에 깊은 관심을 갖기 시작했기 때문이다.

앞서 언급했듯이 1972년 세계유산협약은 처음에 '문화유산과 자연유산'이라는 두 가지 카테고리로 '유산'을 정의했다. 이후 두 가지 카테고리에 추가하여 '복합유산'(Mixed Heritage)이 유산의 범주 안으로 들어왔다. 그러므로 세계유산은 '문화유산'(Cultural Heritage)과 '자연유산'(Natural Heritage), 그리고 문화유산과 자연유산의 특징을 동시에 충족하는 '복합유산'(Mixed Heritage)으로 구분되는 것이다.

먼저 '문화유산과 자연유산, 복합유산'에 대해 살펴보고, 이어서 '기록과

전통'에 대해 고찰해보고자 한다. '기록'과 '전통'을 보존하는 '세계기록유산'
과 '무형문화유산'을 살핀 후, '위험에 처한 세계유산' 카테고리를 검토할 것이
다. 그리고 마지막으로는 '목록에서 폐기된 세계유산'을 살펴볼 것이다.

❄

유형으로 나타나는 세계유산 : 문화유산, 자연유산, 복합유산

물리적 유산은 유형의 장소를 말한다. 살펴본 바와 같이 세계유산협약이
처음에 주목했던 주요 카테고리는 '문화유산과 자연유산'이었다. 그 후 '복합
유산'이 추가된 것이다.

문화유산
세계유산협약 제1조는 문화유산을 자세히 설명하기 위해 '문화유산'의
정의와 목록을 설명하면서 문화유산을 세 가지 유형으로 분류하고 있다.

문화유산의 첫 번째 유형은 '기념물'(monuments)이다. 건축물, 기념비적
의의를 갖고 있는 조각 및 회화, 고고학적 성격을 띠고 있는 유물 및 구조
물, 금석문, 동굴 유적지 및 혼합 유적지 가운데 역사적, 예술적 또는 과학
적 관점에서 탁월한 보편적 가치를 갖고 있는 유산이 그 대상이 된다.
문화유산의 두 번째 유형은 '건조물 군'(groups of buildings), 곧 건축물 군
이 되겠다. 독립되거나 연결된 건조물 군으로서 갖고 있는 건축 양식, 동일
성 또는 주변 경관 안의 위치로 인해 역사적, 예술적 또는 과학적 관점에서
탁월한 보편적 가치를 갖고 있는 유산이 그 대상이 된다.
문화유산의 세 번째 유형은 '유적지'(sites)이다. 인간의 작품 또는 자연과
인간의 작업이 결합된 합작품 및 고고학적 유적을 포함한 지역으로서 역사

적, 미학적, 민족학적 또는 인류학적 관점에서 탁월한 보편적 가치를 갖고 있는 유산이 그 대상이 된다.

1972년 유네스코는 문화유산을 '과거로부터 받은, 현재에 경험하고 있는, 그리고 미래 세대에 물려줄 유산'으로 정의했다. 또한 세계유산협약은 지구 상의 어떤 특정 장소는 인류 모두의 공유가 되어야 하며, 대체할 수 없는 생명과 영감의 원천인 '탁월한 보편적 가치'를 가지고 있다고 정의했다. 2021년 9월 기준으로 유네스코의 세계유산목록에는 897개의 문화유산이 등록되어 있다.

• 문화유산의 예 : 영국의 스톤헨지(Stonehenge)

스톤헨지는 세계에서 가장 유명한 세계 문화유산 중 하나이다. 스톤헨지는 매력적인 유적이다. 많은 학자가 매력적인 스톤헨지의 모습을 더욱 드러내기 위해 연구에 연구를 거듭하고 있지만, 스톤헨지의 미스터리는 아직도 풀리지 않았다. 이 같은 미스터리 때문에 스톤헨지는 연구자들에게 늘 흥미

스톤헨지
_Extra Mile Photo UK 사진

로운 상태를 유지하고 있으며, 전 세계 관광객의 방문을 유도하고 있다.

유네스코에 등재된 수많은 문화유산 가운데 영국의 스톤헨지는 널리 알려진 고대 유적지 중 하나라는 점에서 의심할 여지없이 선두에 있다. 유네스코가 문화유산으로 지정한 유산들은 대체로 유명해져서 어렵지 않게 세계적인 명성을 얻게 된다. 세계 여러 문화유산과 견주어 볼 때 스톤헨지만큼이나 유명하거나 명성을 얻은 문화유산은 드물 정도이다.

이 장에서는 고고학자 10명이 모이면 11개의 학설이 나온다는 스톤헨지가 공식적으로 유네스코 세계유산이 되기 전부터 이미 충분히 유명했던 이유와, 세계적으로 충분히 알려진 스톤헨지를 유네스코가 세계유산으로 지정한 이유를 살펴볼 것이다.

• 대중 매체에 등장하는 스톤헨지

스톤헨지는 지난 수십 년 동안 영국을 비롯한 전 세계의 대중 매체를 통해 거의 쉼 없이, 강력한 인상을 주며 등장해 왔다. 때문에 스톤헨지는 대중의 관심에서 사라진 적이 거의 없었다. 그 핵심은 '인기 있는 미디어의 영향'이었다고 볼 수 있다. 대중 매체는 교육적이라기보다는 엔터테인먼트 중심적인 경향이 있기 때문에(학계에서는 일부 논란의 여지가 있었음에도 불구하고) 대중들에게 쉽게 다가갈 수 있었고, 역사에 특별한 관심이 없는 사람들까지도 끌어들이는 놀라운 능력이 있었다. 마치 〈인디아나 존스〉(*Indiana Jones*), 〈미이라〉(*The Mummy*) 영화라는 대중 매체를 통해 사람들이 고고학을 만나듯이 스톤헨지 또한 많은 사람이 대중 매체를 통해 처음 접했을 것이다.

대중 매체는 불특정의 많은 사람에게 대량의 정보를 전달하는 매체로서 책, 신문, 잡지, 텔레비전, 인터넷, 위성방송, 그리고 노래까지를 수반한다. 스톤헨지는 인기 있는 대중 매체 플랫폼(platform)에 거의 모두 등장했다. 스

멀린 마술사
《아서 왕과 그의 기사들 1903판
The Story of King Arthur and His Knights》의 삽화
/ Howard Pyle 作

존 오브리 _ 위키피디아

톤헨지에 관해 알려진 가장 오래된 이야기는 로마의 역사가 디오도루스 시
쿨루스(Diodorus Siculus)의 주장으로, 19년마다 그곳을 방문하는 태양의 신
을 위해 스톤헨지가 지어졌다는 것이다. 이 외에 스톤헨지에 관한 몇 가지
이야기들을 살펴보면, 아서(Arthur) 왕 이야기에 나오는 마술사 멀린(Merlin)
이 마법을 사용하여 스톤헨지를 아일랜드에서 옮겼다는 이론이 있다.[35] 그
리고 스톤헨지 제작에 관한 또 다른 이론은 1640년 영국의 골동품 수집가이
자 전기 작가이며 영국왕립협회 회원이었던 존 오브리(John Aubrey)에 의한
것이다.

오브리는 고대의 켈트(Celts) 사회에서 지식과 지혜 그 자체와도 같은 존
재였던 '드루이드'(Druids, 켈트 문화에서 왕과 영주 및 상담사를 섬기는 고위 사제이
자 치유사)들이 건설한 성소(聖所)가 스톤헨지라고 주장했다.[36] 드루이드들은
기독교가 전파되기 이전인 기원전 14~13세기에 나타나 고대 프랑스 · 영
국 · 독일 등지에 널리 퍼져 있던 켈트인의 종교를 관장하던 신관들이었다.
오브리의 주장 이후로 '드루이드'는 스톤헨지와 떼려야 뗄 수 없는 존재가 되었으며, 현대의 드루이드들은 지금도 매년 함께 모여 그들만의 의식을 행하고 있다.

스톤헨지에 관한 또 다른 이론은 영국의 건축가 이니고 존스(Inigo Jones, 1573-1652)와 그의 제자 존 웹(John Webb, 1611-1672)의 이론이다. 스톤헨지는 로마의 사원으로 지어진 것이며 하늘을 향해 열려 있고 신 코엘루스(Coelus)에게 헌정된 것이라는 주장이다.[37] 이 이론은 누가, 어떤 목적으로, 스톤헨지를 만들었는지에 대한 또 다른 호기심을 불러일으키기에 충분했다.

스톤헨지가 소설을 통해 대중에게 유명해진 것은 토마스 하디(Thomas Hardy)의 소설《테스》(Tess Of The D'Urbervilles) 덕분이었다. 이 소설은 스톤헨지에 관한 글이 아니었음에도 불구하고 여주인공이 사형 선고를 당하기 전 마지막 밤을 스톤헨지에서 보냈다는 내용으로 다시 한번 스톤헨지는 대중들

스톤헨지 앞에서 열리는 드루이드 기념의식
_sandyraidy 사진

의 관심을 받게 되었다. 이 소설은 이후 영화와 TV시리즈로 만들어졌으며, 영화와 TV시리즈의 마지막 장면은 당연히 스톤헨지를 배경으로 했다. 이 마지막 장면은 스톤헨지에 대한 강렬한 인상을 많은 이들에게 남겼다.

좀 더 현대적인 맥락에서 스톤헨지를 살펴본다면, 스톤헨지는 노르웨이 출신 버라이어티 쇼 그룹인 일비스(Ylvis)가 '스톤헨지'(Stonehenge)라는 제목의 노래를 불러 또다시 스톤헨지 열풍을 일으켰다고 할 수 있다.[38] 이 곡은 근본적으로 코믹한 노래이지만 가사에 '웨일즈'(Wale, 영국 그레이트브리튼 남서부)에서 46마일 떨어진 곳에서 옮길 수 있는 '돌'과 같은 이론적 측면이 일부 포함되어 있다. 일비스(Ylvis)의 노래 '스톤헨지'는 교육보다는 엔터테인먼트 목적에 더 중점을 두었음에도 불구하고 이후 영국을 비롯한 전 세계에 다시금 스톤헨지에 대한 관심과 호기심을 불러일으키는 데 충분했고, 더 나아가 젊은 층에게 스톤헨지에 대한 관심을 일으키는 데 크게 기여했다고 할 수 있다.

• 영국 문화재청(English Heritage)의 스톤헨지 관리

세계유산목록에 등재되어 있는 대부분의 영국 유산들과 마찬가지로 스톤헨지 또한 영국 정부에서 보호하고 관리하고 있다. 스톤헨지는 '영국의 문화유산'으로 등록되어 있다. 스톤헨지를 가장 밀접하게 관리 경영하는 곳은 영국 문화재청이다. 영국 문화재청(English Heritage)은 1984년 설립되었고, 2015년 4월부터 자선단체 형태로 새롭게 변화하여 운영되고 있다. 영국 문화재청은 영국에 있는 세계적으로 유명한 선사 시대 유적지에서 웅장한 중세 시대의 성에 이르기까지 400개가 넘는 역사적 건물, 기념물 및 유적지를 관리하며 이를 통해 매년 천만 명이 넘는 사람들에게 영국의 이야기를 생생하게 전달하고 있다.

영국 문화재청은 스톤헨지의 중요성에 대해 "독특한 선사 시대 기념물로, 뛰어나고 풍부한 고고학적 경관의 중심에 있다. 선사 시대 연구를 위한 특별한 자료로 고고학 발전에 중추적인 위치를 차지하고 있다."라고 소개하고 있다.[39]

• 유네스코 세계유산과 스톤헨지

스톤헨지는 유럽에서 가장 크고 유명한 선사 시대 지역에 일부가 속해 있는 '에이브베리'(Avebury)와 함께 '스톤헨지와 에이브베리 거석 유적'(Stonehenge, Avebury and Associated Sites)으로 1986년에 유네스코 세계유산으로 등재된 문화유산이다. 스톤헨지와 에이브베리 거석 유적은 세계에서 가장 유명한 거석 군으로 선사 시대의 흔적을 볼 수 있는 유적이다. 때문에 스톤헨지는 항상 에이브베리와 함께 소개된다.

스톤헨지는 영국에서 유네스코 세계유산목록에 등재된 최초의 7개 유산 중 하나이다.[40] 유네스코 세계유산 등재로 스톤헨지는 영국의 유산일 뿐만 아니라, 모든 인류에게 매우 중요한 장소로 인식되었다.

앞서 언급했듯이 스톤헨지는 세계유산으로 지정되기 훨씬 전부터 세계적으로 이미 널리 알려진 유적지이다. 그렇다면 스톤헨지의 세계유산 지정은 스톤헨지에 추가로 어떤 이점을 주었는지 묻고 싶을 것이다. 이 질문에 대한 답변은 "사실 아무것도 없다."라고 할 수 있을 정도이다.

스톤헨지의 유네스코 세계유산 지정은 스톤헨지의 세계적 명성을 확인해 준 것이고, 스톤헨지가 '탁월한 보편적 가치'를 가지고 있음을 인정했다는 것이다. '탁월한 보편적 가치'로 인해 공식적으로 스톤헨지는 국제적으로 중요하고 보편적인 재산이 되었고, 세계가 함께 보호해야 할 가치가 있는 세계유산이 되었다는 유네스코의 확증을 받은 것이다.

- '탁월한 보편적 가치'를 가진 유네스코 세계유산 스톤헨지와
  에이브베리 거석 유적(Stonehenge, Avebury and Associated Sites)[41]

누구나 인터넷을 통해, 책을 통해, 각종 자료와 대중 매체에 접근하여 스톤헨지에 대해 알아볼 수 있다. 하지만 유네스코 세계유산으로서의 스톤헨지를 이해하기 위해서는 유네스코 세계유산의 시선과 틀로 스톤헨지를 분석해야 한다.

유네스코는 스톤헨지를 유네스코 세계유산으로 지정한 이유를 세계유산 목록을 통해 자세히 설명하고 있다. 그 내용을 간략하게 살펴보겠다.

"스톤헨지는 선사 시대의 기념비적인 건축물로서 세계에서 가장 정교한 선사 시대의 환상 열석(stone circle)이다. 스톤헨지는 B.C.3700년에서 B.C.1600년 사이 약 2천 년 동안 신석기와 청동기 시대의 기념 의식과 장례 의식을 위해 계속 발전해 오면서 사용되었음을 보여 주는 증거이다."

이와 같은 간략한 설명과 함께 스톤헨지의 역사와 고고학적 정보, 그리고 스톤헨지가 가지는 의의와 가치를 설명하며 스톤헨지의 '탁월한 보편적 가치'를 확인해 준다. 이 내용들은 앞서 언급한 대로 다양한 언어로 번역되어 누구나 접근할 수 있도록 되어 있다.

어떤 기준으로 스톤헨지가 유네스코 세계유산으로 등재되었는지 그 이유를 자세히 밝히는 '탁월한 보편적 가치' 기준을 보면, 스톤헨지는 기준 (i), (ii), (iii)을 충족하여 등재되었음을 알 수 있다.

유네스코 세계유산 등재 기준

유네스코 **기준 i** 인간의 창의성으로 빚어진 걸작에 해당하는 것

스톤헨지는 선사 시대에 만들어진 창의적이고 기술적인 성취물이며, 세계에서 가장 정교한 환상 열석이다.

유네스코 **기준 ii** 특정한 시기 또는 특정한 문화권 내에서 건축이나 기술, 기념비적인 예술, 도시 계획이나 조경 디자인의 발전에 있어 인류 가치의 중요한 교류를 보이는 것

스톤헨지를 통해 신석기에서 청동기 시대, 2천여 년에 걸쳐 건축 기술이 발전했고, 지속적으로 사용되었음을 확인할 수 있다. 스톤헨지와 주위 환경은 건축가, 예술가, 역사가 및 고고학자들에게 영향을 미치며, 앞으로 연구해야 할 방향을 계속 제시한다.

유네스코 **기준 iii** 현존하거나 이미 사라진 문화적 전통이나 문명의 유일하거나 적어도 독보적인 증거가 되는 것

스톤헨지는 신석기와 청동기 시대 때 영국에서 행해진 장례 의식과 기념의식이 어떠했는지 알아가는 데 탁월한 통찰력을 제공한다.

스톤헨지는 중세의 세계 7대 불가사의로 손꼽히던 선사 시대 유산이라는 인식이 세계 모두의 생각 속에 오랫동안 자리잡아 왔다. 더욱이 유네스코의 세계유산으로 선정된 이후로는 더 많은 관광객들이 영국의 스톤헨지를 방문해 과거 시대의 신비를 떠올려 왔다.

그런데 최근에 스톤헨지가 유네스코 세계유산 등재에서 탈락할 위기가 있었다. 스톤헨지 근처를 지나는 A303 도로의 터널화 계획 때문이었다. 이 소식을 들은 유네스코의 메칠트 뢰슬러(Mechtild Rössler) 세계유산센터장은 영국 정부가 부적절한 개발을 자제하고 유적 보호 조치를 취하지 않는다면 스톤헨지의 세계유산 지위가 박탈될 수 있다고 경고했다.

이에 터널 건설을 반대하는 고고학자, 환경 단체들, 드루이드들이 '스톤헨지 세계유산을 지키자'(SSWHS)라는 단체를 조직해 소송을 제기했고, 영국 고등법원은 터널 건설 계획이 스톤헨지의 가치를 고려하지 않은 비합리적이며 불법적인 행위라고 규정하며 터널 건설 계획을 무효화하는 판결을 내렸다. 이로써 스톤헨지는 세계유산으로서 위치를 지키게 되었고, 아직 발굴되지 않은 선사 시대 유적들이 더욱 보호받을 수 있게 되었다.[42]

이후에 자세히 살펴보겠지만, 이미 등재된 유네스코 세계유산이라 할지라도 보호 관리를 지속하지 않음으로 유산이 훼손된다면 아무리 유명한 세계유산이라 해도 언제든지 세계유산의 지위를 잃을 수 있다. 스톤헨지 근처를 지나는 터널 건설 계획 무효 소송은 세계유산에서 탈락할 수 있음을 보여 주는 예가 되었다.

세계유산 등재가 영원히 변하지 않는 성취이자 결과물이 될 수 없다는 사실을 알아야 한다. 미래 세대를 위해 세계유산이 원래의 모습을 잃지 않고 계속해서 보존될 수 있도록 보호 관리하고 경영해야 함을 스톤헨지를 통해 다시 한번 생각해 본다.

자연유산

문화유산에 이어 자연유산에 대해 살펴보겠다. 자연유산은 다음의 특징을 보이는 지역을 가리킨다고 할 수 있다.

첫째, 자연유산은 지구의 생명 기록이나 지질학적 과정에 대한 뛰어난 예를 제공한다.

둘째, 자연유산은 진행 중에 있는 생태 및 생물학적 진화 과정의 훌륭한 예를 제공한다.

셋째, 자연유산은 희귀하거나 독특하거나 최상급이거나 뛰어난 아름다움을 지닌 자연 현상을 포함한다.

넷째, 자연유산은 희귀하거나 멸종 위기에 처한 동물이나 식물을 위한 서식지를 제공하는 장소, 예외적인 생물 다양성이 있는 장소이다. 여기에는 뛰어난 물리적, 생물학적 또는 지질학적 특징이 있는 영역도 포함된다.[43]

계속해서 자연유산에 대한 세부 사항은 세 가지 유형으로 세계유산협약 제2조에 명시되어 있다.

자연유산의 첫 번째 유형은 물리적, 생물학적 형태 또는 그러한 형태의 그룹으로 구성된 자연의 특징물로, 미학적 또는 과학적 관점에서 탁월한 보편적 가치를 갖고 있는 유산이 그 대상이 된다.

두 번째 유형은 지질학적, 지형학적 특징물과 이와 함께 멸종 위기에 처해 있는 동물 및 생물의 종의 서식지로서 특히 정확하게 구별된 특정 구역으로 미학적 또는 과학적의 관점에서 탁월한 보편적 가치를 갖고 있는 유산이 그 대상이 된다.

세 번째 유형은 자연 유적지 또는 정확하게 구별된 자연 지역으로, 과학, 보존, 또는 자연미의 관점에서 탁월한 보편적 가치를 갖고 있는 유산이 그 대상이 된다.

대표적인 예를 살펴보면, 세계 최고봉(8,484m)인 네팔의 에베레스트산이 있는 사가르마타 국립공원과 세계에서 손꼽히는 수려한 경관을 가진 미국의 그랜드 캐니언 국립공원 등을 들 수 있다. 자연유산의 개념과 보존 측면에서 다소 직설적으로 보일 수 있겠지만, 사실 자연유산은 오염, 자연 악화, 관리 경영의 범위, 수준 유지 등과 같은 복잡하고 실용적인 문제가 있는 것이 현실적인 문제라 할 수 있다. 그만큼 자연유산을 보존하는 것은 어려운 일이다. 2021년 9월 기준으로 218개의 자연유산이 유네스코 세계유산으로 등재되어 있다.[44]

• 자연유산의 예 : 미국의 그랜드 캐니언 국립공원
 (Grand Canyon National Park)

그랜드 캐니언 국립공원은 1979년 유네스코 세계유산으로 등재된 자연유산의 대표적인 예이다. 미국 애리조나주에 위치한 그랜드 캐니언 국립공원에는 445km(276.5 마일)에 이르는 세계에서 가장 크고 긴 협곡이 펼치는

그랜드 캐니언 국립공원 _ Murray Foubister 사진

장관을 볼 수 있는 곳이다. 협곡은 최대 깊이는 1.5km(0.9마일)나 된다. 그랜드 캐니언 국립공원은 6백만 년에 걸친 지질학적 활동과 콜로라도강의 침식으로 생겨났고, 그 수평 단층은 지구의 20억 년의 지질학적 역사를 거슬러 올라가는 것으로 알려져 있고, 크게 4개의 지질 시대를 보여 준다.

그랜드 캐니언 국립공원이 보여주는 광대한 자연 경관은 충격적일 정도이며, 가치를 헤아리기 힘들 정도의 지구 역사에 대한 증거가 나타나 있다.

- **'탁월한 보편적 가치'를 가진 유네스코 세계유산 그랜드 캐니언 국립공원**

자연유산의 경우 유네스코 세계유산 등재 기준 (vii)부터 (x)까지 중에서 하나만 충족해도 그 '탁월한 보편적 가치'를 증명하며 세계유산으로 인정받을 수 있다. 그런데 그랜드 캐니언 국립공원은 유네스코 세계유산 등재 기준 (vii), (viii), (ix), (x)를 모두 충족하는 자연유산이다. 그랜드 캐니언 국립공원이 세계유산으로 등재된 기준을 살펴보겠다.

그랜드 캐니언 국립공원
_Brian W. Schaller 사진

유네스코 **기준 vii** 최상의 자연 현상이나 뛰어난 자연미와 미학적 중요성을 지닌 지역을 포함하는 것

세계에서 시각적으로 가장 압도하는 경관과 아름다움으로 널리 알려진 그랜드 캐니언 국립공원은 깊은 협곡, 사원 형태의 언덕, 광대하고 다채로운 미로 같은 지형으로 명성이 높다. 그랜드 캐니언 국립공원 내의 아름다운 풍광으로는 높은 고원, 평원, 사막, 산림, 분석구, 용암류, 개울, 폭포, 그리고 미국에서 대표적인 큰 급류가 흐르는 강 등이 있다.

유네스코 **기준 viii** 생명의 기록이나, 지형 발전상 중요한 지질학적 주요 진행과정, 지형학이나 자연지리학의 특징물 등 지구 역사상의 주요 단계를 보여 주는 탁월한 사례에 해당하는 것

그랜드 캐니언 국립공원은 지질학적으로 선캄브리아대부터 신생대에 이르는 지구 역사의 모든 변화 단계를 한눈에 볼 수 있는 곳이다. 선캄브리아대와 고생대 부분은 그랜드 캐니언 협곡 벽에 잘 노출되어 있고, 이 시대의 화석들 또한 풍부하다. 수많은 동굴은 홍적세에 이르는 화석들과 동물 잔해들을 보호해 주고 있다.

유네스코 **기준 ix** 육상, 민물, 해안 및 해양 생태계와 동식물 군락의 진화 및 발전에 있어 생태학적, 생물학적 과정을 보여 주는 탁월한 사례에 해당하는 것

그랜드 캐니언 국립공원은 각각 다른 생물학적 환경 즉, 협곡 안에 북아메리카의 7개 생물 분포대 가운데 5개의 생물 분포대(life zone)가 펼쳐져 있는 예외적인 예이다. 동식물종이 많은 지역에 겹쳐 존재하고, 협곡 전체에서 발견된다.

유네스코 **기준 x** 과학이나 보존의 관점에서 볼 때 탁월한 보편적 가치가 있는 현재 멸종 위기에 처한 종 등 생물학적 다양성의 현장 보존을 위해 중요하고 의미가 큰 자연 서식지를 포괄하는 사례에 해당하는 것

그랜드 캐니언 국립공원은 다양한 지형만큼이나 다양한 생태 시스템을 보

여 준다. 협곡 내에 있는 5개의 생물 분포대는 아주 작은 지리적 지역에서 대표적으로 볼 수 있다. 그랜드 캐니언 국립공원은 점차 줄어들고 있는 아한대 산림(boreal forest)과 사막 강가 공동체(desert riparian communities)와 같은 생태 시스템과 많은 토종, 희귀하거나 위험에 처한 동식물종들이 비교적 방해받지 않고 남아 있는 생태적 피난처이다.

자연유산을 살펴보면서 특히 기억해야 할 점은 모든 형태의 유산(문화유산, 자연유산, 복합유산)은 항상 손상이나 보호와 보존에 있어 악화의 위험에 처해 있다는 것이다. 특히 자연유산은 더 넓은 환경의 변화로 인해 큰 영향을 받을 수 있다. 2018년 세계유산위원회가 자연유산에 영향을 미치는 주된 요인들을 발표한 내용에 따르면 첫째 교통 인프라 사용으로 인한 영향, 둘째 관광, 방문객 및 휴양에 따른 영향, 셋째 채굴, 넷째 수자원 기반 시설 등이 있다.[46]

이를 보면서 우리의 생각을 관광 문제로 확장해 보면 세계유산목록에 있는 대부분의 세계유산들은 각국 정부에 의해 국제 관광을 확대·확장하기 위한 주요 혹은 후속 목표로 지정된 곳들이라는 점이다. 그러나 위에서 언급한 대로 대다수의 경우 국제 관광을 위한 인프라 구축 및 산업 활성화는 자연유산을 보호하고 보존하는 데 큰 문제로 지적되고 있으며 심지어 자연유산의 보존에 심각한 해를 끼칠 수도 있다는 것이다. 세계유산에 대한 이해에서 이처럼 '관광과 보존의 문제'는 함께 고려해야 할 중요한 부분이다.

복합유산

세계유산의 또 한 가지 유형은 문화적 기준과 자연적 기준을 모두 결합한 복합적인 유산, 즉 복합유산이다. 복합유산은 문화유산과 자연유산 두 영역에서 동시에 그 가치를 인정받은 유산을 가리킨다. 세계유산목록에 있는 문화유산과 자연유산의 비율은 대략 3대 1이다. 그리고 2021년 9월 기준으로 세계유산목록에는 39개의 복합유산이 등재되어 있다.

• **복합유산의 예 : 그리스의 아토스산**(Mount Athos)

그리스의 아토스산은 올림포스산과 함께 그리스인들이 신성한 산으로 여기는 산으로 자연유산과 문화유산으로서의 중요성을 모두 포함하는 '복합유산'의 대표적인 예이다.

아토스산은 1054년 이래로 그리스 정교회(Orthodox)의 정신적 중심지로 비잔틴 시대부터 자치권을 행사해 왔다. 여성과 아이들의 출입을 금하고 있던 이곳 '신성한 산'은 예술적 유적으로 그 가치를 인정받고 있다. 아름다운 밤나무와 다양한 지중해성 산림으로 둘러싸인 아토스산에는 20개의 특별한 수도원과 그 부속 시설들이 있고, 33,000헥타르가 조금 넘는 면적으로 이루어져 있다. 이곳에는 작은 수도처(skites)와 농장(kellia), 수도사들의 생활 공간이 되는 수도처(kathismata)들이 함께 있다. 1,400여 명의 수도사들이 거

아토스산 _Dave Proffe 사진

아토스산의 Xenophontos 수도원
Rudolf Bauer 사진

주하고 있는 수도원이 배치되어 있는 구조는 멀리 러시아에, 회화는 그리스 정교회 예술에 영향을 미쳤다. 현재 희귀한 식물종이 서식하고 있고, 전통적인 수도원 농업 관습을 보이고 있다.

• '탁월한 보편적 가치'를 가진 유네스코 세계유산 아토스산

아토스산은 1988년에 유네스코 세계유산 등재 기준 (i), (ii), (iv), (v), (vi), (vii)에 의해 유복합유산으로서 유네스코 세계유산으로 등재되었다.

유네스코 세계유산 등재 기준[47]

유네스코 인간의 창의성으로 빚어진 걸작에 해당하는 것
기준 i 아토스산을 '신성한 산'으로 변화시키는 작업을 통해 자연유산의 자연미와 건축적 창조물이 결합된 독특한 예술적 걸작이 되었다. 또한 아토스산의 수도원들은 벽화에서부터 휴대용 성화, 금으로 된 도구, 자수품, 채색 원고 등을 소중하게 보관하고 있다.

특정한 시기 또는 특정한 문화권 내에서 건축이나 기술, 기념비적인 예술, 도시 계획이나 조경 디자인의 발전에 있어 인류 가치의 중요한 교류를 보이는 것

아토스산은 그리스 정교회의 정신적 중심지로서 종교 건축과 회화 미술 등의 발전에 지속적인 영향을 끼쳤다. 아토스산에 있는 수도원들의 배치 구조는 멀리에 있는 러시아에서도 사용되었다.

유네스코
기준 iv 인류 역사에 있어 중요 단계를 예증하는 건물 양식, 건축적 또는 기술적 총체, 경관의 탁월한 사례에 해당하는 것

아토스산에 있는 수도원들의 배치 구조는 그리스 정교회 수도원 시설의 전형적인 틀을 보여 준다. 종탑의 측면이 정사각형, 직사각형, 사다리꼴 모양으로 벽이 배치되어 성당의 중앙부에서 에워싼다. 10세기의 양식에 따라 공동생활 공간, 종교 전례 공간, 군사 방어 시설 등이 엄격하게 구역이 형성되어 있다.

유네스코
기준 v 특히 되돌릴 수 없는 변화의 영향으로 취약해진 환경이나 인간의 상호 작용이나 문화를 보여 주는 전통적 정주지나 토지 또는 바다의 이용을 예증하는 탁월한 사례에 해당하는 것

아토스산에 있는 수도원은 인간의 전통적인 삶의 장소를 잘 보존했다. 특히 보존물을 통해서 지중해식의 농경 문화를 잘 보존하고 있다. 그러나 현대 사회의 영향 때문에 아토스산을 보존하는 데에는 어려움이 있다. 또한 아토스산은 당시의 일반 민가 건축물과 농업, 공예 전통 양식들을 보여 주는 보고이기도 하다.

유네스코
기준 vi 탁월한 보편적 중요성이 있는 사건이나 살아 있는 전통, 사상이나 신앙, 예술 및 문학 작품과 직접 또는 유형적으로 연관된 것
(위원회는 이 기준이 다른 기준과 함께 사용될 것을 권장함)

아토스산은 10세기부터 그리스 정교회의 정신적 중심지였다. 아토스의 '신성한 산'은 1054년부터 그리스 정교회의 영적인 산실이었다. 1453년 콘스탄티노플이 멸망한 이후에도 그 역할을 지속적으로 유지했다. 아토스산은 직

접적, 유형적으로 그리스 정교회와 연관이 있다. 20세기에 20개 이상의 국가들에서 그 연관성을 볼 수 있다. 역사의 무게가 느껴지며, 많은 기념물과 유적이 가득한 천년이 된 아토스산에 탁월한 보편적 가치가 있다고 선언하는 것은 결코 과정된 것이 아니다.

유네스코 　최상의 자연 현상이나 뛰어난 자연미와 미학적 중요성을 지닌
기준 vii 　지역을 포함하는 것
전통적 농업 형태와 산림의 조화로운 작용이 아토스산에서 잘 유지되어 왔는데, 이는 수도원이 수세기에 걸쳐 엄격하게 규정을 준수해 온 것과 관련이 있다. 그 결과, 지중해성 산림과 아토스산과 관련된 식물군의 월등한 보존 또한 이루어졌다.

기록과 전통을 보존하는 세계유산 : 세계기록유산과 무형문화유산

문화유산, 자연유산, 복합유산으로 이루어진 세계유산 외에 유네스코의 등재 유산 범주에는 '무형'의 측면을 지향하는 유산이 있다. 기록과 전통을 보존하는 유산인 '세계기록유산과 무형문화유산'이 그것이다.

세계기록유산

유네스코는 1992년 '세계기록유산'(Memory of the World : MOW) 사업을 설립했다. 세계기록유산은 사회적, 문화적으로 가치가 높은 기록물을 보존하려는 목적으로 유네스코가 지정하는 사업이다. 세계기록유산은 본질적으로 세계의 중요한 기억들이 상실되지 않도록 세계 모두를 위해 기억의 유산을 보존하고 보호하기 위해 등재하는 것이다. 유네스코는 1995년에 세계기록유산 사업을 시작하여, 1997년에 처음으로 등재하였고, 그로부터 2년마

다 추가하여 지정하고 있다.

세계기록유산은 유네스코 사무총장이 승인한 국제자문위원회(International Advisory Committee)의 심의를 통해 선정된다.

세계기록유산으로 등재하기 위해서는 다음의 기준을 만족해야 한다. 해당 기록유산이 진정성과 완전성(Authenticity and Integrity)을 가지고 있는지 심사하기 위해서는, 기본 기준이 되는 세계의 중요성(World significance)을 갖추었는지 확인해야 한다. 세계적 관점에서 해당 유산이 가지고 있는 중요성을 증명하기 위해서는 역사적 중요성, 형태와 양식의 중요성, 사회적, 공동체적, 정신적 중요성 가운데 적어도 한 가지 측면을 충족해야 한다. 그리고 국제자문위원회가 해당 기록유산의 성격을 잘 알 수 있도록 독창성 또는 희귀성 및 상태에 대한 추가 정보도 포함해야 한다.[48]

세계기록유산에는 세계에 지속적으로 영향을 미쳤던 저작물, 지도, 악보, 영화, 사진 등의 기록 자료, 그 외에도 원고, 구전 전통, 시청각 자료, 도서관 문서 등이 있다.

유네스코는 세계기록유산 사업을 지원하기 위해 다양하고 광범위한 프로젝트와 활동을 진행하고 있다. 국제, 지역, 국가 및 지역 수준에서 보존하거나 디지털화하는 활동과 인식 제고를 위한 교육 활동, 마케팅과 홍보 활동, 기술 매뉴얼 작성 등에 중점을 둔 활동들이다.

• 세계기록유산의 예 : 국제연맹 기록물 1919~1946
(League of Nations Archive 1919~1946)

유네스코 세계기록유산의 대표적인 예로, 2009년에 등재된 '국제연맹 기록물 1919~1946'(League of Nations Archive 1919~1946)을 들 수 있다. 이 문서는 유엔 제네바 사무국(나시옹 궁전, Palais des Nations) 도서관이 소장하고 관리하던 문서를 유엔 제네바 사무소(United Nations Office at Geneva)가 등재 신청을 한 것이다. '국제연맹 기록물 1919~1946'(League of Nations Archive 1919~1946)은 세계 평화를 위한 최초의 국제기구인 국제연맹에서 작성한 원본 기록이므로 특수성이 있고 대체 불가능한 유산이다.

유네스코는 '국제연맹 기록물(1919~1946)'을 '세계 최초의 평화와 협력을 위한 정부 간 기구를 만들어 국제 관계의 제도화를 향한 근본적인 변화를 가져오겠다는 연맹 회원국의 의지에 대한 증거'라고 소개한다.

제1차, 제2차 세계대전을 겪으면서 그 기간 동안 평화와 안전 보장을 이루기 위해 국가들 간에 협력 증진이 필요했다. 본 기록물을 통해 국가 간 협력 증진을 위해 외교관과 관리, 최초의 국제기구 종사자 등이 쏟은 노력들을 확인할 수 있다. 또한 국제연맹의 중요성과, 세계 평화와 협력을 위한 희망을 가지고 1919년 시작하여 1946년 막을 내릴 때까지 진행되었던 최초의 국제기구의 역사를 살펴볼 수 있다.

무형문화유산

1945년 유네스코가 창설된 후, 유네스코는 세계유산 보호를 위해 1972년에 '세계유산협약'을 시작했고, 1992년에는 '세계기록유산'을 시작해 인류의 중요 기록들을 보호하고 보존하기 시작했다. 2003년에는 '무형문화유산협약'(Convention for the Safeguarding of the Intangible Cultural Heritage)을 채택하여, 2006년에 정식 발효했다. 그리고 2008년에는 무형문화유산과 그 보호를 위한 특별 목록을 작성했다.

무형문화유산이 등장한 것은 시간이 지날수록 문화유산의 정의가 더욱 넓어졌기 때문이다. 문화유산을 건축물 등의 유형적인 유물에 국한하여 보는 것이 아니라, 조상들에게 물려받은 전통과 인간의 생활 예술로 그 범위를 넓혀 보기 시작한 것이다. 이러한 전통들은 잘 보존하여 미래 세대에 물려주어야 할 세계의 자산이다. 그러므로 무형문화유산은 문화적 다양성을 표출하는 데 중요한 역할을 한다.

무형문화유산에는 구전 전통, 공연 예술, 사회적 관습, 의식, 축제 행사, 지식 및 자연과 우주에 관한 관습 또는 전통 공예품을 생산하기 위한 지식과 기술이 포함된다. 이와 같은 무형문화유산을 통해 세계의 나라들이 서로 소통하고, 서로 살아가는 방법을 탐구하고, 서로의 문화에 대한 존중을 키울 수 있다. 무형문화유산은 네 가지 개념으로 설명할 수 있다.

첫째 전통과 현대가 공존한다. 무형문화유산은 과거로부터 물려받은 전통에 머물지 않고 현대 농촌과 도시의 다양한 문화 집단이 함께 참여하는 형태를 모두 말한다.

둘째 포괄적이다. 한 공동체의 무형문화유산은 다른 공동체의 무형문화유산과 유사할 수 있다. 한 공동체의 무형문화유산이 한 세대에서 다른 세대로 넘어가면서 전달되었고, 그 과정에서 환경에 따라 변화되면서 정체성과 연속성을 계속해서 부여했다. 이를 통해 과거에서 현재로, 나아가 미래로 연결되는 연결점을 확인할 수 있다.

셋째 대표적이다. 무형문화유산은 한 공동체가 가지고 있는 지식과 전통과 기술을 다음 공동체에게 물려줄 때 그 대상이 되는 대표적인 전문 지식들이 있다.

넷째 공동체를 기반으로 한다. 무형문화유산은 개인이 아닌 공동체나 또는 그룹이 만들고, 유지하고, 전수할 때 이를 무형문화유산으로 인정할 수 있다.[49]

무형문화유산의 등재는 긴급보호 무형문화유산목록(List of Intangible Cultural Heritage in Need of Urgent Safeguarding)과 무형문화유산 대표목록(Representative List of the Intangible Cultural Heritage of Humanity) 등재 신청으로 이루어진다. 무형문화유산위원회(Intergovernmental Committee for the

Safeguarding of the Intangible Cultural Heritage)에서 유네스코 무형문화유산 등재를 결정한다.

- **무형문화유산의 예 : 한국의 판소리 (Pansori Epic Chant)**

유네스코 무형문화유산으로 등재된 것 중에 우리나라의 판소리를 그 예로 살펴보겠다. 판소리는 2008년 유네스코 무형문화유산으로 등재되었다.

'판소리'는 '많은 사람이 모이는 곳'이라는 '판'과 '노래'라는 '소리'가 합하여 나온 용어이다. 판소리는 17세기 한국의 서남지방에서 유래된 것으로 전해진다. 판소리는 평민들 사이에서 구전으로 전해지다가, 19세기 후반 무렵부터 문학 콘텐츠가 더욱 정교해졌고, 도시의 지식인들 사이에서 인기를 누렸다. 판소리를 구성하는 요소가 되는 배경, 등장인물, 상황 등은 조선 시대(1392~1910년)에 뿌리를 두고 있다.

판소리는 지금까지 크게 네 번의 변화를 겪었다. 관객의 반응과 요구에 따라, 시대에 따라 계속해서 변화하고 있는 것이다. 19세기 이전 주관객이 평민들이었을 때에는 야외 길거리 공연으로 진행되면서 판소리 소리꾼들의 개인 기술과 재능을 보여 주기 위해 혹독한 훈련과 연마 끝에 얻을 수 있는

판소리_한국문화재청 사진

득음의 경지가 필요했다면, 19세기 후반 양반층이 판소리에 대한 흥미를 갖게 되면서 실내 공연을 주로 하면서 섬세한 기술 발전이 필요했다. 20세기부터 서양 문화의 영향으로 판소리가 실내외를 넘어 무대 위의 문화로 진행되면서 공연 중심의 문화 스타일로서의 변화가 있었다. 그리고 21세기 디지털 세대에 맞게 판소리가 추임새나 주고받는 공연의 현장을 벗어나 공연의 실황을 편집하거나 공연 자체를 녹음하는 등의 기술을 통해 디지털 판소리의 시대가 진행되고 있다.

유네스코가 가진 무형문화유산의 정의 곧 과거와 현재가 공존하다는 의미를 판소리의 사례를 통해 알 수 있다. 특히 판소리가 과거의 유산으로만 머물지 않고 오늘날에서 이를 전수한 소리꾼이 활동하고 있기 때문에 살아 있는 무형문화유산으로 자리매김할 수 있는 것이다.

판소리가 계속 발전하고 유지될 수 있었던 이유는 전통을 지키고자 인생을 건 소리꾼들과 정부의 노력이 있었기 때문이다. 1964년 한국 정부는 판소리를 중요무형문화재 제5호로 지정하여 현대화되는 사회 속에서 위기에 처한 판소리를 지키기 위해 아낌없는 제도적 지원을 실행했다. 1964년을 기점으로 판소리가 한국의 무형문화유산으로 자리했다면, 2003년에 유네스코에 등재 신청하여 마침내 2008년에 공식적으로 유네스코 무형문화유산으로 등재되었다. 즉 판소리는 2008년에 한국의 무형문화유산에서 세계가 보호하고 보존하는 무형문화유산이 되어 인류의 자산이 되었다.

❋

위험에 처한 세계유산과 목록에서 폐기된 세계유산

세계유산협약에서 또 하나의 중요한 카테고리는 '위험에 처한 세계유산'

과 '목록에서 폐기된 유산'이다. 세계유산을 보존하는 일은 물론 중요하다. 그런데 우리가 살아가면서 세계유산 보존을 우선순위에 두고 모든 역량을 집중할 수도 있겠지만, 당시 처한 환경과 정책에 따라 다른 무엇이 국가와 사회의 우선순위가 될 수도 있는 것이다. 이 같은 결정은 정부의 투자와 결정, 국민적 합의에 의해서 일어날 것이다.

세계유산 보존 정책의 변화에 따라 보존이 제대로 이루어지지 않거나, 보전에 치중하지 않음으로 유네스코 세계유산으로서 반드시 갖추어야 할 '탁월한 보편적 가치'를 유지하지 못하여 목록에서 삭제되는 경우가 있다.

그러나 중요한 것은 세계유산이 보존되지 못한 사실은 물론 안타까운 사건이지만, 당사국의 정책에 따른 심사숙고한 판단으로 진행된 일이므로 이를 굴욕적인 사건이라고 단정 지을 수는 없다는 것이다.

더불어 유네스코 세계유산은 등재로 끝나는 것이 결코 아님을 인지해야 한다는 것도 기억해야 한다. '위험에 처한 세계유산'과 '목록에서 폐기된 유산'이 있다는 것은 또한 세계유산위원회가 얼마나 철저히 세계유산협약에 의해 세계유산을 관리하고 있는지를 보여 주는 증거이다. 세계유산위원회는 당사국으로부터 지속적으로 정기적인 보고를 받고 대응 모니터링을 통해 세계유산의 보호 실태를 조사하고 있다. 대응 모니터링은 위험에 처한 세계유산들의 보호 실태를 조사하는 것으로 정기보고와 별개로 위급한 상황이나 특별히 필요하다고 인정할 때 실시한다.

세계유산협약 당사국들은 자국 내 세계유산 보존 상태와 보호 활동에 관하여 정기적으로 세계유산위원회에 보고할 의무가 있다. 이 보고를 통해 세계유산위원회는 유적지들의 상태를 평가하고 문제가 있을 경우 어떤 조치를 취할 것인지 결정한다. 그 조치 가운데 하나가 해당 유산을 '위험에 처한 세계유산' 목록에 포함시키는 것이다.

위험에 처한 세계유산

'세계유산이 위험에 처했다'는 사실은 세계유산협약을 만드는 계기가 되었다. 이미 살펴보았듯이 세계유산이 위험에 처한 상황 때문에 '누비아 캠페인'이 시작되었고, '누비아 캠페인'은 유네스코가 세계유산협약을 개발하는데 결정적인 역할을 했다.

누비아 유적을 위험에 처하게 만든 원인은 아스완 하이 댐 건설이었다. 이처럼 세계유산을 위험에 빠뜨리는 요인들은 곳곳에서 발생할 수 있다. 일반적으로 세계유산을 위험에 빠뜨리는 주된 요인들은 홍수, 지진, 무력 충돌, 야생동물의 밀렵, 채굴, 그리고 관광 등을 꼽을 수 있다. 세계유산에 대한 위협, 파괴 및 위험이 직접적으로 닥칠 때 세계유산 보호에 대한 이슈가 표면에 드러난다. 누비아 유적을 구하기 위한 '누비아 캠페인' 후 세계는 인류의 탁월한 보편적 가치를 가진 유산들을 발굴하고 보호, 보존하기 위해 세계유산협약을 채택했다. 그 이후로 세계유산협약은 도움이 필요한 유적지에 특별한 관심을 기울이고 있다.

위험에 처한 세계유산이 발생한 경우, 협약 당사국은 가능한 한 빨리 자국 현장에 대한 위협 요소에 대해 세계유산위원회에 알려야 한다. 유네스코는 당사국뿐만 아니라 개인, NGO 단체 등 기타 단체들도 세계유산의 위험에 대해 위원회에 보고할 수 있다고 설명한다. 보고된 문제가 충분히 심각한 것으로 간주되면 위원회는 '위험에 처한 세계유산목록'(List of World Heritage in Danger)에 해당 유산을 포함할 것을 고려한다.

2021년 9월 기준으로 세계유산위원회가 협약 제11조에 따라 세계유산을 위험 목록에 포함시키기로 결정한 유산은 52개이다. 유네스코의 세계유산협약 제11조 제4항에는 다음과 같이 그 내용이 명시되어 있다.

세계유산위원회는 상황에 의해 필요할 경우에는 '위험에 처한 세계유산목록'(List of World Heritage in Danger)을 작성하여 이 목록을 최신 상태로 유지하고 공포해야 한다. '위험에 처한 세계유산목록'을 위해 세계유산협약에 따라 필요한 지원을 요청할 수 있다. 이 목록에는 보호 작업에 필요한 운영 비용의 추정치가 포함되어야 한다. 이 목록에는 심각하고 중대한 위험에 처한 문화유산 및 자연유산의 일부를 구성하는 유산만 포함될 수 있다. 심각하고 중대한 위험에는 악화 가속화로 발생하는 멸실의 위험, 대규모 공공 또는 민간 프로젝트, 급속한 도시 또는 관광 개발 프로젝트로 인한 위협, 토지의 사용 또는 소유권 변경으로 인한 파괴, 알려지지 않은 원인으로 인한 중요한 변경, 각종 이유에 따른 방치, 무력 충돌의 발발 또는 위협, 재난과 대격변, 심각한 화재, 지진, 산사태, 화산 폭발, 홍수 및 해일 등이 있다. 세계유산위원회는 긴급한 경우에는 언제든지 '위험에 처한 세계유산목록'에 새롭게 등재할 수 있고, 해당 등재 목록은 즉시 공포한다.

이 목록은 세계유산목록에 등재된 세계유산의 보존을 위협하는 상황을 국제 사회에 알리고 그에 따른 조치를 장려하기 위해 고안된 것이다. 이 목록은 더 나아가 무력 충돌 및 전쟁, 지진 및 기타 자연 재해, 오염, 밀렵, 통제되지 않은 도시화 및 세계 문화유산에 주요 문제를 제기하는 통제되지 않은 관광 개발 등으로 인해 위험이 발생하는지 확인한다.

구체적으로 '위험에 처한 세계유산목록' 가운데 문화유산은 두 가지 종류의 목록으로 분류하여 등재된다.

첫 번째는 증거가 확실한 위험, 곧 구체적이고 증명이 된 위험에 직면해 있는 경우이다. 두 번째는 가능성 있는 위험에 직면해 있는 경우이다. 이는 미래에 일어날 수 있는 위험을 미리 고려하여 대비하는 것이다. 문화유산과 같이 자연유산 또한 위험에 처한 유산이 두 가지 경우 즉, 확실하게 위험의 증거가 있는 목록과 잠재적인 위험의 가능성이 있는 목록으로 분류하여 등재되고 있다.

'위험에 처한 세계유산목록'에 등재되면 세계유산위원회는 세계유산기금의 즉각적인 지원을 멸종 위기에 처한 유산에 할당할 수 있다. 그리고 위험에 처한 세계유산으로 등재된 지역은 보존 커뮤니티가 특정 보존 요구에 효율적으로 대응할 수 있도록 조치를 취한다. 실제로 위험에 처한 세계유산목록에 유산이 등재되면 효과적인 대처가 이루어진다는 것이 입증되었으며, 신속한 보존 조치 또한 이루어지게 된다.[50]

• 위험에 처한 세계유산의 예 : 예루살렘 옛 시가지와 성곽
(Old City of Jerusalem and its Walls)

유대교, 기독교, 이슬람교 세 종교의 성지인 예루살렘은 상징적으로 매우 중요한 장소이며 220개의 역사적 기념물이 이곳에 보존되어 있다. 이곳은 1981년에 유네스코 등재 기준 (ii), (iii), (vi)에 의해 문화유산으로 유네스코 세계유산으로 등재되었다. 그런데 흥미롭게도 그 다음 해인 1982년에 위험에 처한 세계유산목록에 올랐고, 현재까지 이 목록에 등재되어 있다.

이 사례와 관련하여 유네스코 사이트를 참고하면, 2021년 기준으로 이곳에 영향을 끼치는 요소들, 즉 교통 기반 시설 이용에 따른 효과, 정책, 연구와 모니터링 활동, 주택, 정체성 및 사회적 결속, 지역 인구 및 공동체 변화, 경영 활동, 경영 시스템 및 경영 계획, 기타 위험의 요소가 되는 자연적 위협 요소, 기념물들의 보존 악화, 도시 환경과 시각적 진정성, 고고학적 발굴의 영향 등을 확인할 수 있다. 또한 2021년 이전에 보고된 요소들도 자세히 나와 있다. 이러한 보고 사항들을 보면 유네스코가 위험에 처한 세계유

예루살렘 _Francesco Bandarin 사진

산에 대해 어떤 대처를 하고 있는지 간략하게 알 수 있고, 어떠한 요소들까지 유네스코의 범위 안에 있는지 확인할 수 있다.[51]

목록에서 폐기된 세계유산

한편, 세계유산위원회가 '위험에 처한 세계유산목록'으로 지정했음에도 해당 유산이 적절하게 관리되지 못하거나 보호되지 않고 있다면 유산은 목록에서 삭제될 수도 있다(De-listed heritage). 물론 이 상황이 하룻밤 사이에 일어나지는 않는다. 세계유산위원회는 유네스코 세계유산으로 지정된 곳이 세계유산목록에서 삭제되지 않도록 해당 유산이 있는 국가 혹은 지역과 긴밀하게 협의하는 일을 간과하지 않기 때문이다. 그럼에도 불구하고 협의가 실패할 경우에는 세계유산목록 지정이 취소될 수 있다.

'목록에서 폐기된 세계유산'은 유네스코 역사상 세 곳이다. 완전히 폐기된 곳은 첫 번째는 오만의 아라비아 오릭스 보호지역(Arabian Oryx

Sanctuary), 두 번째는 독일의 드레스덴 엘베 계곡(Dresden Elbe Valley), 세 번째는 영국의 리버풀 해양 산업 도시(Liverpool Maritime Mercantile City)이다. 그리고 조르지아의 바그라티 대성당(Bagrati Cathedral)은 목록에서 절반만 인정되었다. 그 이유는 복원 작업을 과도하게 진행하여 원래의 모습이 손상되었다고 판단하여 절반의 인정만 받게 된 것이다.

• 목록에서 폐기된 세계유산의 예 : 오만의 아라비아 오릭스 보호지역 (Arabian Oryx Sanctuary)

오만의 아라비아 오릭스 보호지역은 오만의 중앙 사막과 해안 언덕 생물 지리학적 지역으로 독특한 사막 생태계를 이루고 있었다. 아라비아 오릭스를 비롯해 많은 멸종 위기종이 발견되는 곳으로 1994년에 자연유산으로 유네스코 세계유산에 등재되었다. 그러나 1996년 확인한 바로는, 밀렵과 서

아라비아 오릭스 _Western Region 사진

식지 파괴로 아라비아 오릭스의 개체 수가 급격히 줄어 종의 미래 생존 가능성을 불확실하게 만들었다. 이어서 그 지역에서 석유가 발견된 이후 오만 정부는 보호지역을 90%까지 줄이겠다는 결정을 내렸다. 이에 세계유산위원회는 세계유산협약을 위반하고, 1994년에 등재되면서 인정받은 탁월한 보편적 가치가 훼손되었다는 것을 이유로 들어 이곳을 2007년에 세계유산 목록에서 삭제했다.[52]

4. 가장 먼저
유네스코 세계유산이 된 곳들은 어디인가?

⚜

1972년 유네스코 총회에서 인류의 소중한 유산을 보존하기 위해 제정된 '세계유산협약'이 시작되고, 몇 년 후인 1978년에 12개의 유산이 처음으로 유네스코 세계유산에 등재되었다. 그중 8개는 문화유산, 4개는 자연유산이었다. 이 장소들은 '세계유산위원회'의 회의에서 선정되었다.

앞으로 기술할 12개의 세계유산은 유네스코가 '세계유산협약'이라는 이론을 가지고 세계유산 등재를 실제화한 그 첫 예로서 상징적인 의미를 가진다. 또한 이를 시작으로 유네스코는 계속해서 인류가 함께 지키고 보존해야 할 세계의 보물들을 유네스코 세계유산으로 등재할 수 있도록 길을 열었다. 즉, 이론에서 실제 적용으로 가는 예를 유네스코가 보여 준 것이다. 한 국가 또는 하나의 대륙만이 아니고, 전 세계 곳곳에서 선정하여 유네스코 세계유산의 그 첫걸음을 함께했다. 캐나다, 에콰도르, 에티오피아, 독일, 폴란드, 세네갈, 미국에 위치한 세계유산 12개였다.

이론적 틀이 영어를 기반으로 서구에서 나왔지만, 실제 적용은 세계 전체를 대상으로 보편적이며 탁월한 세계유산을 선정했음에 의의가 있다. 전세계가 함께하는 국제 협력이 서류, 문건 등에 머무는 것이 아니라 실제 결과물로 확인할 수 있었던 쾌거를 1978년에 유네스코가 이루어 낸 것이다. 이를 계기로 세계유산위원회는 매년 활발히 국제 협력을 이끌어 내고 계속해서 세계유산목록을 지정하여, 2021년 기준으로 167개 국가의 1,154개의 세계유산이 등재되기에 이르렀다.

흥미로운 것은, 사실 세계유산협약을 제정하는 데 결정적인 역할을 한 누비아 유적(아부심벨에서 필레까지)은 첫 등재 대상의 12개 목록이 아닌 그 이후 1979년에 등재되었다.

유네스코 세계유산으로 첫 등재된 12개의 목록을 유네스코의 탁월한 보편적 가치와 등재 기준을 중심으로 살펴보겠다. 유산을 소개하는 유네스코의 기록을 보면 유네스코가 어떤 점에 중심을 두고 세계유산을 선정하는지 확인할 수 있다.

❀

란세오메도스 국립 역사 지구 – 캐나다[53]
(L'Anse aux Meadows National Historic Site)

란세오메도스 국립 역사 지구(L'Anse aux Meadows National Historic Site)는 캐나다 뉴펀들랜드(Newfaoundland)섬 그레이트 노던(Great Northern) 반도 끝자락에 있는 바이킹족의 정착지이다. 11세기 바이킹족의 정착지가 발굴된 곳으로, 이는 유럽인들이 최초로 북아메리카에 들어왔음을 보여 주는 증거였다. 잔디를 입힌 목조 건물에서 출토된 유적들은 그린란드와 아이슬란드 지역에서 발견된 것과 유사하며 이곳은 1977년부터 캐나다 정부에 의해 보호되고 있다.

란세오메도스 국립 역사 지구는 1978년 유네스코 등재 기준 (vi)에 따라 문화유산으로 세계유산목록에 등재되었다. 바이킹족의 유적은 주택

란세오메도스 국립 역사 지구 _Dylan Kereluk 사진

란세오메도스 국립 역사 지구 _D. Gordon E. Robertson 사진

재건된 잔디 집(sod house) 입구
_D. Gordon E. Robertson 사진

8채, 대장간 1채, 작업장 4채로 구성되어 있으며, 이곳에서 생활한 사람들의 정착 방식, 도구, 생활 방식 등에 대한 세세한 정보를 유적 안내를 통해 알 수 있다. 유적들을 통해 레이프 에릭슨(Leif Erikson)과 다른 북유럽 탐험가들이 그린란드와 아이슬란드에서 대서양을 가로질러 서쪽으로 새로운 영토를 찾아 탐험한 인간 이주 역사를 생각해 볼 수 있다.

란세오메도스 국립 역사 지구는 1978년에는 8,056헥타르의 경계를 가지고 있었지만, 2017년에 7,991헥타르의 경계로 조정되었다. 또한 이곳은 손상되지 않은 상태로 보존되어 있다. 이를 통해 북유럽 고고학 유적지가 경계를 넘어 다른 지역으로 더욱 확장되어 탁월한 보편적 가치가 전달되는 과정과 특징을 알 수 있게 한다.

유네스코
기준 vi

탁월한 보편적 중요성이 있는 사건이나 살아 있는 전통, 사상이나 신앙, 예술 및 문학 작품과 직접 또는 유형적으로 연관된 것 (위원회는 이 기준이 다른 기준과 함께 사용될 것을 권장함)

• 란세오메도스 국립 역사 지구 (L'Anse aux Meadows)
란세오메도스 국립 역사 지구는 바이킹이 북아메리카에서 설립한 최초로 유일하게 알려진 유산이며, 아메리카 대륙이라는 신세계에 유럽인들이 정착한 최초의 증거이다. 이곳은 인간의 이주와 발견의 역사에서 특별한 이정표로서 가치를 가진다.

나하니 국립공원 – 캐나다[54]
(Nahanni National Park Reserve)

나하니 국립공원(Nahanni National Park)은 캐나다 노스웨스트 테리토리스에 위치한 국립공원이다. 나하니 국립공원은 약 47만 헥타르에 달하는 면적

나하니 국립공원 _ Paul Gierszewski 사진

나하니 국립공원 _ Gharv 사진

에 외부의 방해가 없는 순수 자연 지역으로, 거대한 폭포와 복잡한 동굴 지대가 보존되어 있다. 역사의 흐름을 알 수 있는 다양하고 풍부한 지형학적 모습을 볼 수 있고, 거대하고 웅장한 버지니아 폭포와 함께 거의 모든 뚜렷한 카테고리에 속하는 강과 하천의 예가 존재한다. 나하니 국립공원을 통과하는 플랫강과 사우스 나하니강은 주변의 산보다 오래되었고, 최고의 협곡을 만들어냈다. 또한 장엄한 화강암의 봉우리들이 나타난다.

나하니(Nahanni)는 원주민 데네족의 말로 '정신'을 의미한다. 1976년에 설립된 나하니 국립공원은 1978년에 유네스코 등재 기준 (vii)과 (viii)을 충족하여 자연유산으로서 유네스코 세계유산으로 등재되었다.

2009년에 캐나다 정부는 25만 헥타르를 추가하여 나하니 국립공원을 더욱 확장했고, 현재 확장된 보호 구역은 약 300만 헥타르에 달한다. 물론 나하니 국립공원으로 지정된 세계유산의 경계는 더 큰 국립공원 보호 구역으로 둘러싸여 보호받으며 '탁월한 보편적 가치'가 잘 보존되고 있다.

유네스코 기준 vii	최상의 자연 현상이나 뛰어난 자연미와 미학적 중요성을 지닌 지역을 포함하는 것

• **나하니 국립공원** (Nahanni National Park)
사우스 나하니강은 깊은 협곡, 거대한 폭포, 아름다운 카르스트 지형, 동굴 지대, 많은 온천이 있는 곳으로, 북아메리카에서 최고의 경관을 가진 강 가운데 하나이다. 지질학적 및 지형학적 특징의 노출이 고대로부터 흐르는 구불구불한 강의 지형을 이루며, 현재는 강의 수면 위로 높게 솟아나 있다.

유네스코 기준 viii	생명의 기록이나, 지형 발전상 중요한 지질학적 주요 진행과정, 지형학이나 자연지리학의 특징물 등 지구 역사상의 주요 단계를 보여주는 탁월한 사례에 해당하는 것

• 나하니 국립공원 (Nahanni National Park)

나하니 국립공원에는 진행 중인 지질학적 과정이 나타나고 있다. 특히 강 하류의 침식, 지각 융기, 습곡과 협곡의 발달, 바람에 의한 침식, 카르스트 지형과 유사 카르스트 지형, 다양한 온천 등이 주목할 만한 것이다. 나하니 국립공원의 지질학적, 지형학적 특징은 세계적으로 독특한 지질학적 과정들이 결합된 모습을 보여 주고 있다.

키토 – 에콰도르[55]
(City of Quito)

에콰도르의 수도 키토(City of Quito)는 1534년에 잉카의 폐허 위에 스페인 사람이 세운 도시이다. 해발 2,818m의 안데스 계곡에 위치한 키토는 피친차 화산(Pichincha Volcano)의 경사면을 따라 펼쳐져 있으며 파네시요(Panecillo)와 이침비아(Ichimbia) 언덕과 접해 있다. 스페인어권 아메리카에

키토 _ Rafael Salas 作

키토의 예수회성당(La Compania) _ Diego Delso 사진

서 가장 광범위하게 잘 보존된 역사 지구를 보유하고 있다. 키토는 이곳의 토착 예술과 유럽의 전통 예술이 함께 결합한 키토 바로크파(Escuela quitna)의 놀라운 예를 제공한다. 이는 스페인어권 아메리카 예술에 큰 공헌을 이루었다고 평가된다.

많은 지진에도 불구하고 키토의 역사 지구는 잘 보존되어 있어 산 프란시스코 수도원, 산토 도밍고 수도원, 라 콤빠니아(La Compana), 예수회 대학 등 키토 바로크파의 대표적인 건축물을 볼 수 있다.

새로 지어지는 건축물은 식민지 시대의 중심지 외부에 건설하여, 키토의 역사 지구는 탁월한 보편적 가치의 기반들이 대체로 손상 없이 원래의 모습대로 보존되고 있다. 유네스코는 등재 기준 (ii), (iv)에 따라 1978년에 키토를 문화유산으로 세계유산에 지정했다.

유네스코 기준 ii	특정한 시기 또는 특정한 문화권 내에서 건축이나 기술, 기념비적인 예술, 도시 계획이나 조경 디자인의 발전에 있어 인류 가치의 중요한 교류를 보이는 것

- **키토** (City of Quito)

키토 바로크파의 영향은 문화 영역, 특히 건축, 조각, 회화 분야에서 오덴시아(Audencia)의 모든 도시와 이웃 도시에서도 인정받았다.

유네스코 기준 iv : 인류 역사에 있어 중요 단계를 예증하는 건물 양식, 건축적 또는 기술적 총체, 경관의 탁월한 사례에 해당하는 것

- **키토** (City of Quito)

키토는 인간과 자연의 행동이 결합되어 조화로운 독자성(sui generis)을 형성하여 독특하고 초월적인 작품을 만들었다.

갈라파고스 제도 – 에콰도르[56]
(Galápagos Islands)

갈라파고스 제도(Galápagos Islands)는 에콰도르 해안에서 약 1,000km 떨어진 태평양에 위치해 있으며 127개의 섬과 바위로 구성되어 있다. 그중

갈라파고스 _ Diego Delso 사진

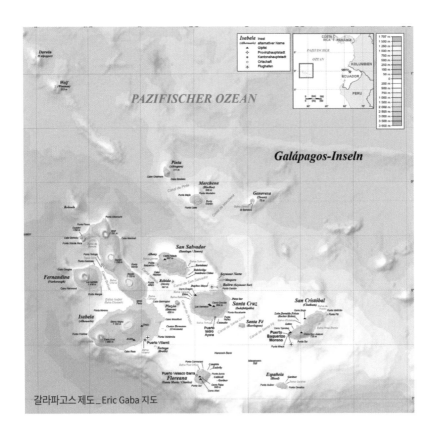

갈라파고스 제도 _ Eric Gaba 지도

19개의 섬이 크며, 4개의 섬에 사람이 살고 있다. 1959년에 국립공원으로
지정되었다.

　갈라파고스 제도와 주변 해양 보호 구역은 '살아 있는 박물관이자 진화
의 쇼케이스'로 알려져 있다. 이곳의 지리적 위치는 세 개의 해류가 합류하
는 지점으로 세계 최고의 풍요로운 해양 생태계의 모습을 가지고 있다. 지
속적으로 일어나는 지진과 화산 활동을 통해 이 제도가 형성된 과정을 볼
수 있고, 이로 인해 이 지역은 다른 곳과 철저히 고립된 환경을 이루게 되었
다. 때문에 바다이구아나(marine iguana), 날지 못하는 가마우지(cormorants),
갈라파고스땅거북(giant tortoise)과 선인장류, 다양한 나무와 방울새(finch)와
같은 희귀한 식물과 동물이 갈라파고스 제도에 존재하게 되었다. 이와 같은

생물들은 1835년 갈라파고스 제도를 방문한 찰스 다윈(Charles Darwin)의 자연도태설을 형성하는 데 영감을 주었다.

유네스코는 갈라파고스 제도를 기준 (vii), (viii), (ix), (x)에 따라 1978년에 자연유산으로 세계유산목록에 등재했다. 2001년에는 갈라파고스 해양 보호 구역(Galápagos Marine Reserve)를 포함하여 등재했다. 이는 기존의 유네스코 등재 기준을 유지하면서 새롭게 유네스코 등재 기준 (i), (ii), (iii), (iv)를 충족하여 등재한 것이다.

유네스코 기준 vii
최상의 자연 현상이나 뛰어난 자연미와 미학적 중요성을 지닌 지역을 포함하는 것

• **갈라파고스 제도 (Galápagos Islands)**
갈라파고스 해양 보호 구역은 산호에서 상어, 펭귄, 해양 포유류에 이르기까지 풍부한 생물이 서식한다. 세계 어느 곳도 이곳처럼 친숙하고 다양한 해양 생물들과 함께하는 다이빙 경험을 제공할 수 없다. 이곳의 수중 지형학적인 다양성은 세계 어느 곳에서도 볼 수 없는 독특한 광경을 만들어 탁월한 가치를 더하고 있다.

유네스코 기준 viii
생명의 기록이나, 지형 발전상 중요한 지질학적 주요 진행과정, 지형학이나 자연지리학의 특징물 등 지구 역사상의 주요 단계를 보여주는 탁월한 사례에 해당하는 것

• **갈라파고스 제도 (Galápagos Islands)**
갈라파고스 제도의 지질학은 해저에서 시작하여 생물학적 과정이 계속되는 해수면 위로 나타난다. 3개의 주요 지각판인 나즈카판(Nazca), 코코스판(Cocos), 태평양판(Pacific)이 해양에서 만나며 이는 지질학적으로 중요한 관심사가 된다. 커다란 사벨라(Isabela), 페르난디나(Fernandina)섬이 새로 생겨난 100만 년 미만의 섬으로 존재하고, 3~5백만 년 사이에 있는 섬으로 에스파뇰라(Española)섬과 산

크리스토발(San Cristóbal)섬이 있다. 최근의 화산 폭발과 지진 활동, 침식 등의 지질학적 및 지형학적 과정은 어떻게 갈라파고스 제도가 존재하는지에 대한 질문에 중요한 통찰력을 제공한다. 세계의 어느 곳도 이곳과 같은 지질학적 및 지형학적 특징을 가진 완전한 연속체를 보호하는 곳은 거의 없다.

유네스코 기준 ix

육상, 민물, 해안 및 해양 생태계와 동식물 군락의 진화 및 발전에 있어 생태학적, 생물학적 과정을 보여 주는 탁월한 사례에 해당하는 것

• 갈라파고스 제도 (Galápagos Islands)

1839년 찰스 다윈이 《비글호 항해기 *Voyage of the Beagle*》를 발표한 후 사람들은 갈라파고스 제도에서 발견하게 되는 동식물의 기원에 대해 큰 관심을 가지게 되었다. 이곳은 생태학적, 진화적, 생물지리학적 과정이 특정한 섬뿐 아니라 제도 전체의 동식물에 어떤 영향을 미치는지를 보여 주는 매우 독특한 사례이다. 다윈방울새류(Darwin's finches), 흉내지빠귀(mockingbirds), 육지 달팽이(land snails), 갈라파고스땅거북(giant tortoises), 그리고 많은 식물 및 곤충 그룹은 오늘날까지도 계속되고 있는 적응방사(adaptive radiation)의 가장 좋은 예이다. 이곳은 동태평양의 3개 주요 해류가 합류하는 지점에 위치하고 있고, 엘니뇨와 같은 기후 현상의 영향을 받는 해양 보호 구역이다. 이러한 환경을 가지고 있기에 갈라파고스의 동식물들은 변화하는 조건하에서 이루어지는 종의 변화에 대해 중요한 단서를 제공해 주었다. 갈라파고스 제도에서 살고 있는 야생 동물(바닷새, 바다이구아나, 바다사자 등) 대부분은 해양에 의존하고 있으며 육지와 해양 사이의 연결 고리를 제공한다.

유네스코 기준 x

과학이나 보존의 관점에서 볼 때 탁월한 보편적 가치가 있는 현재 멸종 위기에 처한 종 등 생물학적 다양성의 현장 보존을 위해 중요하고 의미가 큰 자연 서식지를 포괄하는 사례에 해당하는 것

• 갈라파고스 제도 (Galápagos Islands)

갈라파고스 제도에는 다른 섬에 비해 상대적으로 다양한 종들이 서식하고 있다. 약 180종의 고유종과 세계에서 유일한 바다이구아나를 포함하여 12종의 고유종 및 멸종 위기종이 존재한다. 여기에는 12종의 자생 포유류(11종의 고유종, 10종의 멸종 위기종)와 36종의 파충류(모두 고유종이며 대부분 멸종 위기에 처해 있음)가 있다. 마찬가지로 해양 동물군은 18.2%의 고유종으로 확인된 2,909종의 해양 생물과 함께 매우 높은 수준의 다양성과 고유성을 가지고 있다. 유명한 해양 동물군에는 상어, 고래상어, 가오리 및 고래류가 있다. 이곳의 해양 생물군과 육지 생물군(예: 바다사자, 바다이구아나, 육지이구아나, 바닷새) 간의 상호 작용도 예외적이라 할 수 있다. 최근에도 진행되고 있는 이곳 심해 공동체에 대한 탐사는 과학 발전에 이바지할 새로운 추가 사항을 계속 생성하고 있다.

❋

시미엔 국립공원 – 에티오피아[57]
(Simien National Park)

시미엔 국립공원(Simien National Park)은 에티오피아 북부에 위치해 있으며, 수백만 년에 걸쳐 일어난 대규모 침식이 만들어 낸 톱니 모양의 산봉우리, 깊은 계곡, 1,500m의 날카로운 절벽 등의 장엄한 풍경을 볼 수 있는 곳이다. 시미엔 국립공원은 이곳의 상징이 된 세계 어느 곳에서도 찾아보기 힘든 야생 염소인 왈리아아이벡스(Walia ibex)를 비롯해 겔라다개코원숭이(Gelada baboon), 에티오피아늑대

왈리아아이벡스(Walia ibex,
소과 염소속에 속하는 야생 동물의 일종)
_ Leonard A. Floyd 사진

181

시미엔 국립공원(Simien National Park)
Hulivili 사진

(Ethiopian wolf) 등 세계적으로 멸종 위기에 처한 동물의 서식지이다. 이로 인해 생물 다양성 보전에 있어 세계적인 중요성을 갖고 있는 지역이라 할 수 있다.

시미엔 국립공원은 1969년에 설립되어 보호되고 있으며, 1978년 유네스코 등재 기준 (vii)과 (x)에 의해 자연유산으로 세계유산목록에 등재되었다. 이후 1996년에 보존 상태를 검토하여 세계유산위원회는 시미엔 국립공원을 '위험에 처한 세계유산목록'에 등재했으나, 2017년에 다시 보존 상태를 확인한 후 '위험에 처한 세계유산목록'에서 삭제했다.

유네스코
기준 vii 최상의 자연 현상이나 뛰어난 자연미와 미학적 중요성을 지닌 지역을 포함하는 것

• **시미엔 국립공원** (Simien National Park)
시미엔 국립공원의 장엄한 경관은 에티오피아 고원의 북쪽 경계에 위치해 있는 에티오피아의 가장 높은 산봉우리 라스 데젠(Ras

Dejen)을 비롯한 산맥을 통해 펼쳐져 있다. 시미엔 산맥의 고원 지대는 수백만 년에 걸친 침식 작용으로 형성된 험준한 절벽과 깊은 협곡으로 이루어져 있고, 장엄한 광경을 통한 자연의 아름다움을 그대로 볼 수 있다. 높이 1,500m에 달하는 절벽, 약 35km에 걸쳐 뻗어 있는 북쪽 절벽 등이 존재한다. 시미엔 산맥은 북쪽, 동쪽, 남쪽으로 깊은 협곡이 그 경계를 이루고 있고, 험준한 협곡 주위로 광대한 풍경이 펼쳐져 있다. 그 광경은 미국의 그랜드 캐니언 국립공원(Grand Canyon National Park)에 필적할 정도이다.

유네스코
기준 X

과학이나 보존의 관점에서 볼 때 탁월한 보편적 가치가 있는 현재 멸종 위기에 처한 종 등 생물학적 다양성의 현장 보존을 위해 중요하고 의미가 큰 자연 서식지를 포괄하는 사례에 해당하는 것

• 시미엔 국립공원 (Simien National Park)

시미엔 국립공원은 생물 다양성 보전을 위해 전 세계적으로 중요한 곳이다. 이곳은 생물 다양성 보전을 위한 아프리카 고산 지대 아프로알파인(Afroalpine)과 아프리카 동부 산림 지역 아프로몬테인(Afromontane)의 일부 지역으로서 세계적으로 멸종 위기에 처한 수많은 종이 서식하고 있는 곳이다. 시미엔 국립공원의 절벽 지역은 시미엔 산맥에서 발견되는 고유종이자 멸종 위기에 있는 왈리아아이벡스(Walia ibex, Capra walie)의 주요 서식지이다. 또한 에티오피아 고지대에 서식하는 고유종인 멸종 위기에 처해 있는 에티오피아늑대(Ethiopian wolf, Simien fox, Canis simensis), 세계 최고의 희귀종인 겔라다개코원숭이(Gelada baboon, Theropithecus gelada)가 아프로알파인 초원과 황야 지대에 의존하여 살아간다. 더불어 다른 대형 포유류인 아누비스개코원숭이(Anubis baboon), 망토개코원숭이(Hamadryas baboon), 바위타기영양(klipspringer), 황금자칼(golden jackal)도 서식하고 있다. 또한 이곳은 중앙 에티오피아 산악 지대의 고유종이 존재하는 중요한 조류의 서식지이기도 하다. 20종 이상의 대형 포유류와 130종 이상의 조류가 시미엔 국립공원에서 발견된

다. 산악 지역에는 희귀한 독수리종인 수염수리(lammergeyer)를 비롯해 에리트레아/에티오피아의 고유종인 5종의 작은 포유류와 16종의 조류가 서식하고 있다. 이곳에 다양한 종이 서식할 수 있었던 것은 높은 고도와 다양한 지형과 기후로 인해 아프로몬테인 생태계와 아프로알파인 생태계가 형성되었기 때문이다.

랄리벨라 암굴 교회군 - 에티오피아[58]
(Rock-Hewn Churches, Lalibela)

아디스 아바바(Addis Ababa)에서 약 645km 떨어진 에티오피아 중앙의 산악 지역에는 11개의 중세 암굴 교회가 있다. 이슬람이 예루살렘을 정복한 후 기독교 성지 순례를 중단하자 랄리벨라 왕이 12세기에 '새로운 예루살렘'을 에티오피아 산지에 건설하기 시작했다고 한다. 랄리벨라는 악숨 제국이 쇠퇴한 후 번성했다.

암굴 교회군은 요르단강 북쪽에 5개, 남쪽에 5개가 있고, 11번째 교회는 다른 교회군과 떨어진 곳에 위치하지만, 참호 같은 터널로 서로 연결되어 있다. 전통적인 방식으로 교회를 건축하지 않고, 단일 암석을 깎아 건물 본체와 문, 창문, 기둥, 다양한 바닥, 지붕 등을 만들었다. 그리고 배수로, 통로까지 광범위하게 완성했고, 일부는 은둔 동굴과 지하 묘지로 통하는 구멍까지 있다.

특히 5개의 통로가 있는 세계의 구세주 교회(Biete Medhani Alem)는 세계에서 가장 큰 암굴 교회이며, 성 조지 교회(Biete Ghiorgis)는 놀라운 십자가 형태로 지어져 있다. 11개의 암굴 교회군의 대부분은 처음부터 교회로 사용하기 위해 건축되었지만, 성 메르코레오스 교회(Biete Qeddus Mercoreus)와

랄리벨라의 성 조지 교회
_ Sailko 사진

랄리벨라의 성 조지 교회
_ Jialiang Gao 사진

가브리엘 라파엘 교회(Biete Gabriel Rafael)는 처음에는 왕실 거주지로 사용되었던 것으로 추정한다. 또한 교회 안에는 벽화 장식들이 있다.

랄리벨라 암굴 교회군 근방에는 랄리벨라 전통 마을이 있다. 랄리벨라 마을에는 붉은 돌을 가지고 2층 원형 구조로 지은 가옥들(the Lasta Tukuls)이 있다.

12세기부터 콥트 기독교인들의 중요한 순례지가 되어온 랄리벨라 암굴 교회군은 문화유산으로서 1978년에 유네스코 등재 기준 (i), (ii), (iii)에 의해 세계유산으로 지정되었다.

유네스코 **기준 i** : 인간의 창의성으로 빚어진 걸작에 해당하는 것

• **랄리벨라 암굴 교회군** (Rock-Hewn Churches, Lalibela)
11개의 암굴 교회군은 건축법, 규모, 형태, 대담성 면에서 탁월한 예술적 성취를 이룬 건축물이다.

유네스코 **기준 ii** : 특정한 시기 또는 특정한 문화권 내에서 건축이나 기술, 기념비적인 예술, 도시 계획이나 조경 디자인의 발전에 있어 인류 가치의 중요한 교류를 보이는 것

• **랄리벨라 암굴 교회군** (Rock-Hewn Churches, Lalibela)
랄리벨라 왕은 역사적 상황으로 인해 예루살렘 성지 순례가 불가능해졌을 때 에티오피아에 성지의 상징을 건설하기 시작했다. 골고다 교회(Biet Golgotha)에는 그리스도와 아담의 무덤 복제품 그리고 그리스도가 탄생할 때 쓰인 구유의 복제품이 있다. 랄리벨라 성지가 예루살렘과 베들레헴의 성지를 대신하게 되면서 에티오피아 기독교에 상당한 영향을 미쳤다.

유네스코 **기준 iii** : 현존하거나 이미 사라진 문화적 전통이나 문명의 유일하거나 적어도 독보적인 증거가 되는 것

• **랄리벨라 암굴 교회군** (Rock-Hewn Churches, Lalibela)
랄리벨라 암굴 교회군은 11개의 암굴 교회 인근에 있는 2층 원형 구조로 지은 전통 마을 가옥들까지 포함하는 광범위한 유적지이다. 이곳을 통해 에티오피아의 중세와 중세 후기 문명에 대한 탁월한 증거를 확인할 수 있다.

❋

아헨 대성당 – 독일[59]
(Aachen Cathedral)

독일 아헨에 위치한 아헨 대성당의 핵심을 이루는 곳은 서로마 제국의 황제 샤를마뉴 대제(Emperor Charlemagne)의 팔라틴 예배당(Palatine Chapel)이다. 793년에서 813년 사이에 건축된 팔라틴 예배당은 서유럽의 통합과 샤를마뉴 대제의 후원 아래 서구의 종교적, 정치적 부흥을 상징하는 건물이다. 신성 로마 제국의 교회에서 영감을 받아 설계한 팔각형 돔이 중세 시대에 계속 증축되었고, 샤를마뉴 대제는 814년에 이곳에 묻혔다.

샤를마뉴 대제는 1세기부터 온천으로 사용해 온 프랑크 왕실의 아헨을 자신의 거처로 삼았다. 당시의 주요 건물은 대관식장(aula regia – 오늘날의 시청 건물에 위치)과 궁정 예배당(지금은 아헨 대성당)이었다. 팔라틴 예배당은 팔각형 평면도를 기반으로, 원형으로 둘러싸여 있는 통로와, 돔형 지붕으로 되어 있다. 카롤링거 왕조의 석조 왕좌는 중세 시대부터 1531년까지 신성 로마 제국 황제들의 대관식에 사용되었다. 중세 시대에 고딕 양식의 성가대 석과 몇몇 예배당이 추가로 건축되어 아헨 대성당을 특징짓는 복합적인 배치들을 만들어 냈다.

팔라틴 예배당의 내부는 8개의 넓은 기둥에 둥근 아치를 올린 층과 8개의 카롤링거 왕조풍의 청동 문이 있는 윗층으로 되어 있다. 높은 돔은 8개의 아치형 창문으로 빛이 들어온다. 돔은 처음에는 보라색 가운을 입고 〈요한 계시록〉에 등장하는 장로들에 둘러싸여 있는 보좌에 앉은 그리스도를 묘사한 대형 모자이크로 덮여 있었다. 현재 있는 모자이크는 1880년, 1881년의 것이며, 예배당 내부는 샤를마뉴 대제가 모라와 라벤다에서 공수해 온 것으로 추정되는 기둥으로 장식되어 있다.

이후 계속 증축했음에도 팔라틴 예배당은 아헨 대성당의 중심으로 동일하게 구성되어 있다. 아헨 대성당의 부속 보물실은 북유럽에서 가장 중요한 교회의 보물실로 인정받고 있다. 눈에 띄는 유산으로는 로타(Lothar)의 십자가, 벨벳 제의, 샤를마뉴의 성물 흉상 등이 있다.

팔라틴 예배당을 포함하여 아헨 대성당은 문화유산으로 1978년에 유

아헨 대성당
_ Uwe Aranas 사진

네스코 등재 기준 (i), (ii), (iv), (vi)으로 세계유산목록에 등재되었다. 이후 2013년에 유네스코에 등재된 아헨 대성당의 경계에 변화가 있었다.

유네스코
기준 i

인간의 창의성으로 빚어진 걸작에 해당하는 것

• 아헨 대성당 (Aachen Cathedral)

그리스의 기둥, 이탈리아 대리석, 청동 문, 돔에 있던 큰 모자이크(현재는 파괴됨) 등으로 장식된 아헨 대성당의 팔라틴 예배당은 처음부터 탁월한 예술 작품으로 인식되어 왔다. 팔라틴 예배당은 고대 이래 알프스 북부 지역에서는 최초로 천장이 둥근 아치형 구조로 건축되었다.

유네스코
기준 ii

특정한 시기 또는 특정한 문화권 내에서 건축이나 기술, 기념비적인 예술, 도시 계획이나 조경 디자인의 발전에 있어 인류 가치의 중요한 교류를 보이는 것

• 아헨 대성당 (Aachen Cathedral)

팔라틴 예배당은 고전 양식과 비잔틴 양식의 전통을 모두 가진 건축물이었다. 카롤링거 르네상스 시대는 물론 중세 초기에도 팔라틴 예배당을 모방하거나 복제하는 타 건축물들이 있었다. 팔라틴 예배당은 종교 건축물에 영향을 미친 여러 원형들 가운데 하나였다.

유네스코
기준 iv

인류 역사에 있어 중요 단계를 예증하는 건물 양식, 건축적 또는 기술적 총체, 경관의 탁월한 사례에 해당하는 것

• 아헨 대성당 (Aachen Cathedral)

샤를마뉴 대제의 팔라틴 예배당은 강단이 있는 중앙의 공간을 기반으로 한 궁정 예배당의 탁월하고 독특한 예이다.

탁월한 보편적 중요성이 있는 사건이나 살아 있는 전통, 사상이나 신앙, 예술 및 문학 작품과 직접 또는 유형적으로 연관된 것(위원회는 이 기준이 다른 기준과 함께 사용될 것을 권장함)

• 아헨 대성당 (Aachen Cathedral)
아헨에 샤를마뉴 대제가 예배당을 건축한 것은 황제 치하 아래에서 서유럽의 통합과 종교적, 정치적 부흥을 이루었음을 상징한다. 814년에 샤를마뉴 대제가 이곳에 안치되었고, 독일 황제의 대관식이 중세 시대를 넘어 1531년까지 아헨 대성당에서 거행되었다. 아헨 대성당 부속 보물실은 고고학, 미학, 그리고 역사적으로 지대한 흥미를 불러일으키는 곳이기도 하다.

크라쿠프 역사 지구 – 폴란드[60]
(Historic Centre of Kraków)

크라쿠프 역사 지구(Historic Centre of Kraków)는 폴란드 남부 비슬라강에 위치하고 있으며, 크라쿠프시, 바벨 언덕, 카지미에시 지구 등이 함께 조화

크라쿠프(Cracow, Krakow) 시장 광장
_Andrzej Otrębski 사진

롭게 구성되어 있다. 세 곳에 있는 유형, 무형의 문화유산이 보존되어 오늘날까지 이르고 있다.

크라쿠프 역사 지구에는 초기 로마네스크 양식에서 모더니즘 시대에 이르기까지 모든 건축 양식을 대표하는 특징들이 축적되어 있고, 각 특징들이 조화롭게 전개되는 과정과 유럽의 도시 계획의 예를 볼 수 있는 탁월한 사례 가운데 하나이다.

1257년에 폴란드의 수도로 승인되었던 크라쿠프시의 중요성은 도시 계획, 많은 교회와 수도원, 인상적인 건물, 중세 도시의 특징을 보여 주는 성벽, 궁전 등을 통해 증명된다. 당시의 유명한 건축가들과 장인들이 이와 같은 역사적인 건축물들을 설계하고 건축했다.

크라쿠프 역사 지구의 주요한 특징을 보여 주는 바벨 언덕은 중세와 근대 초기 유럽 왕조의 흔적을 담은 옛 왕실의 거주지이자 묘지이다. 중세의 도시 카지미에시 지구는 카톨릭과 유대교 신앙의 문화와 관습의 역사가 담겨 있다.

중부 유럽의 주요 행정 및 상업 중심지인 크라쿠프시는 뛰어난 예술과 공예의 발전을 볼 수 있는 곳으로, 동서양의 문화가 어울려 있는 도시이다. 유럽의 문화적 중심지로서의 크라푸트의 역사적 중요성은 특히 국제적으로 오래된 대학 중 하나인 야기엘론대학교(Jagiellonian University)의 존재로 더욱 드러난다.

크라쿠프 역사 지구는 유네스코 등재 기준 (iv)를 충족하여 문화유산으로 1978년 세계유산에 등재되었다. 이후 2010년에 크라쿠프 역사 지구의 경계 변화가 있었다.

유네스코
기준 iv

인류 역사에 있어 중요 단계를 예증하는 건물 양식, 건축적 또는 기술적 총체, 경관의 탁월한 사례에 해당하는 것

• 크라쿠프 역사 지구 (Historic Centre of Kraków)
크라쿠프 역사 지구는 도시 경관과 각각의 기념물들이 조화를 이룬 뛰어난 도시 건축 증거를 보여 주는 곳이다. 중세부터 현재까지 지속적인 도시 성장 과정을 훌륭하게 보여 준다.

비엘리치카와 보흐니아 왕립 소금 광산 – 폴란드[61]
(Wieliczka and Bochnia Royal Salt Mines)

비엘리치카와 보흐니아 왕립 소금 광산(Wieliczka and Bochnia Royal Salt Mines)은 각각 폴란드 남부의 동일한 지질학적 암염층에 있다. 서로 가까이 위치해 있는 두 도시의 소금 광산은 13세기부터 20세기 후반까지 지속적으로 채굴이 계속되고 있는 오래된 곳으로 유럽의 산업 시설 가운데 초기에

비엘리치카 소금 광산
_ Cezary p 사진

만들어진 중요한 시설이다.

두 곳의 소금 광산은 지하 깊은 곳까지 확장되어 있는 대규모 작업 시설이 조화를 이루고 있다. 그리고 이곳에서 예배당, 작업장, 창고 등이 발굴되었다. 암염으로 만든 조각상이나 여러 장식 요소들이 각종 도구 및 채굴 장비들과 함께 두 광산에 모두 보존되어 있다. 광산의 지하 관광 루트는 19세기 초에 만들어진 것이다.

두 광산은 오랫동안 왕립 회사인 크라쿠프 제염소(Kraków Saltworks) 산하에 있었고, 비엘리치카 제염소 관할 성에서 두 곳에 대한 행정 및 기술 운영을 담당해 왔다. 또한 중세 시대에 여러 번 재건되었다.

1978년에 유네스코 등재 기준 (iv)에 의해 문화유산으로서 비엘리치카 소금 광산이 세계유산으로 등재되었다. 이후 2008년에 비엘리치카 소금 광산(Wieliczka Salt Mine)의 경계 변화가 있었다. 2013년에는 보흐니아 왕립 소금 광산(Bochnia Salt Mine)과 비엘리치카 제염소 관할 성(Wieliczka Saltworks Castle)이 추가되어, '비엘리치카와 보흐니아 왕립 소금 광산'(Wieliczka and Bochnia Royal Salt Mines)으로 등재의 변화가 있었다.

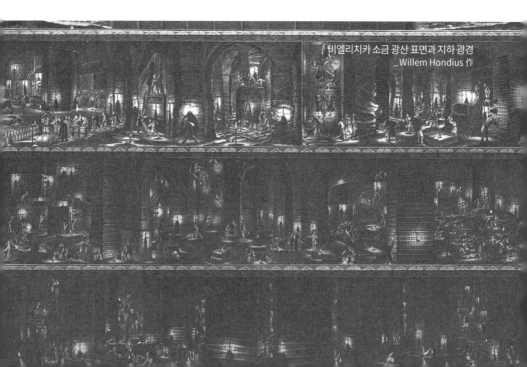

비엘리치카 소금 광산 표면과 지하 광경
_Willem Hondius 作

인류 역사에 있어 중요 단계를 예증하는 건물 양식, 건축적 또는 기술적 총체, 경관의 탁월한 사례에 해당하는 것

• 비엘리치카와 보흐니아 왕립 소금 광산
(Wieliczka and Bochnia Royal Salt Mines)

비엘리치카와 보흐니아 왕립 소금 광산은 13세기부터 20세기까지 이루어진 유럽의 채광 기술 발전의 단계를 보여 준다. 광부들의 사회적, 종교적 전통이 반영되어 있는 방식으로 장식되고 배치된 시설, 지하 방, 채굴 도구, 장비 등과 수세기 동안 시설을 관리했던 제염소 관할 성은 지하의 암염 채굴 등과 관련된 소금 광산의 사회적, 기술적 체계를 볼 수 있는 탁월한 증거를 제공한다.

고레섬 – 세네갈[62]
(Island of Gorée)

고레섬은 다카르 맞은편 세네갈 해안에 위치해 있고, 15세기부터 19세기까지 아프리카 노예 무역의 가장 큰 중계항이었다. 고레섬은 인류 역사상 유례 없는 인간의 특별한 경험을 증언한다. '기억의 섬'(memory island)이라는 고레섬은 노예들의 눈물, 죽음, 고통이 가득한 노예 무역의 상징이었다.

고레섬 노예의 섬 근처의 노예 제도 기념비
_Ji-Elle 사진

고레섬의 Orang와 Naussau 요새
_17세기 네덜란드의 컬러 판화

대서양의 노예 무역에 대한 고통스러운 기억은 다카르 해안에서 3.5㎞ 떨어진 28헥타르 크기밖에 안 되는 작은 섬 안에서 구체화된다. 고레섬은 지리적으로 북과 남 정중앙에 위치하고 있는 전략적 위치로 인해 이곳에 정박하는 선박에게 안전한 피난처를 제공하여 '좋은 정박지'(Good Rade)라는 이름을 갖고 있다. 따라서 15세기 이래로 유럽의 여러 국가들이 이 섬을 단기 체류지 또는 노예 시장으로 지속적으로 사용해 왔다. 고레섬은 노예 무역을 장악하기 위한 유럽 국가들 간의 경쟁의 중심에 있었던 '호모덕스'(homeoducs)의 첫 번째 기점이었다. 프랑스 식민지에서 노예 무역이 폐지될 때까지 고레섬은 12개가 넘는 노예 막사로 이루어져 있는 창고였다고 표현할 수 있다.

　　고레섬의 보편적 가치를 반영하는 중요한 요소는 성(Castle)이다. 이곳은 요새로 덮인 바위가 많은 고원에 있으며 예전에 프랑스 총독 레스파동(Relais de l' Espadon)의 거처로 사용되었다. 고레섬은 이제는 아프리카 디아스포라(African diaspora)를 위한 순례지, 서구과 아프리카의 만남을 위한 접점인 동시에, 화해와 용서의 이상적인 대립을 통한 문화 간 교류와 대화를 위한 공간이기도 하다.

　　고레섬은 1978년에 문화유산으로서 유네스코 등재 기준 (vi)로 세계유산으로 등재되었다.

고레섬 _ Gregor Rom 사진

유네스코 기준 vi

> 탁월한 보편적 중요성이 있는 사건이나 살아 있는 전통, 사상이나 신앙, 예술 및 문학 작품과 직접 또는 유형적으로 연관된 것(위원회는 이 기준이 다른 기준과 함께 사용될 것을 권장함)

• **고레섬 (Island of Gorée)**

고레섬은 인류 역사상 가장 큰 비극 중에 하나인 노예 무역에 대한 특별한 증거를 담고 있는 곳이다. '기억의 섬'이라는 불리는 고레섬을 구성하는 요새, 건물, 거리, 광장 등의 여러 다양한 요소들은 15세기에서 19세기까지 아프리카에서 가장 큰 노예 무역 중계항이었던 이 섬의 역사를 설명하고 있다.

메사 버드 국립공원 – 미국[63]
(Mesa Verde National Park)

메사 버드 국립공원은 450년에서 1300년까지 거의 900년 동안 지속되어 온 푸에블로 인디언(Puebloan)의 선사 시대 문화를 탁월하게 잘 보존하고 있는 유적이다. 이곳은 콜로라도 남서부 2,600미터 이상의 고도에 위치해 있고, 유명한 암굴 주거지들(cliff dwellings)을 비롯해 스펙타클한 푸에블로 인디언 주거지가 많이 존재한다. 이곳의 풍요로운 풍경은 푸에블로 인디언에 대한 이해를 향상시키기 위해 주목할 만한 고고학적 장소를 제공한다.

메사 버드 국립공원에는 사암과 진흙 모르타르로 지은 암굴 주거지가 600여 채가량 있다. 여기에는 유명한 다층 가옥 클리프 팰리스(Cliff Palace), 발코니 하우스(Balcony House), 스퀘어 타워 하우스(Square Tower House) 등이 포함되어 있다. 그리고 4,300여 채의 고고학적 유적지가 추가적으로 발견되었다. 암굴 주거지는 작은 저장소부터 50개부터 200개에 이르는 방을

메사 버드 국립공원의 클리프 팰리스
_Rationalobserver 사진

메사 버드 국립공원의 스퀘어 타워 하우스
_ Rationalobserver 사진

가진 큰 마을까지 다양하다. 다양한 크기와 특징을 가진 반지하식 거주지와
석조로 쌓은 마을 등 다양한 고고학 유적지가 메사(mesa)에 분포되어 있다.
거주지 외의 유적으로는 계단식 농업, 사방 댐, 야전 주택, 저수지, 배수로,
의식적인 특징물, 암각화 등이 있다. 메사 버드 국립공원의 유적들은 푸에
블로 인디언들의 과거와 현재의 삶의 방식을 대변해 주는 연결고리와 상징
이 되고 있다. 이곳은 1978년 문화유산으로서 유네스코 세계유산에 등재되
었다.

유네스코
기준 iii
현존하거나 이미 사라진 문화적 전통이나 문명의 유일하거나 적어
도 독보적인 증거가 되는 것

• 메사 버드 국립공원 (Mesa Verde National Park)
메사 버드 국립공원의 고고학 유적지는 아메리카 원주민 부족의 고
대 문화 전통을 보여 주는 탁월한 증거이다. 이곳은 미국 남서부 푸
에블로 인디언들의 과거와 현재의 생활 방식을 시각적인 연결로 나
타내고 있다.

옐로스톤 국립공원 – 미국[64]
(Yellowstone National Park)

옐로스톤 국립공원 1872년에 설립된 미국의 첫 번째 국립공원으로, 와이오밍주, 몬태나주, 아이다호주에 걸쳐 광활하게 펼쳐진 자연 숲이다. 옐로스톤 국립공원은 중요한 지질학적 현상과 과정을 보여 주는 보호 지역이다. 이곳은 멸종 위기에 처한 희귀종들이 번성하는 곳으로 지열의 힘 (geothermal force)을 볼 수 있고, 자연미와 야생 생태계를 확인할 수 있는 특별한 곳이다.

옐로스톤 국립공원이 속한 생태계는 북반구 온대 지역에 남아 있는 몇 안 되는 온전한 거대 생태계 가운데 하나이다. 이곳은 거대 야생 생태계의 진행 과정의 보존, 연구, 즐거움을 누리는 데 비교할 수 없이 훌륭한 기회를 제공한다.

옐로스톤 국립공원은 유네스코 등재 기준 (vii), (viii), (ix), (x) 모두를 충족하는 자연유산으로서 1978년에 유네스코 세계유산에 등재되었다.

유네스코
기준 vii

최상의 자연 현상이나 뛰어난 자연미와 미학적 중요성을 지닌 지역을 포함하는 것

• **옐로스톤 국립공원** (Yellowstone National Park)
옐로스톤 국립공원의 뛰어난 경관을 보여 준다. 이곳에는 세계에서 가장 큰 간헐 온천, 옐로스톤강의 그랜드 캐니언(Grand Canyon), 수많은 폭포, 야생동물 무리 등이 있다.

생명의 기록이나, 지형 발전상 중요한 지질학적 주요 진행과정, 지형학이나 자연지리학적인 형성물 등 지구 역사상의 주요 단계를 보여 주는 탁월한 사례에 해당하는 것

• 옐로스톤 국립공원 (Yellowstone National Park)
옐로스톤 국립공원은 지구의 역사에 대한 연구와 공감을 이룰 수 있는 세계의 중요한 유적 가운데 하나이다. 전 세계적으로 비교할 대상이 없는 지열 활동, 수천 개의 간헐 온천, 머드 포트(mudpot), 화산 분기공(fumarole) 등이 있고, 특히 전 세계 간헐 온천의 절반 이상을 이곳에서 볼 수 있다. 작은 양치식물(fern)부터 거대한 세쿼이아(Sequoia)까지 150종에 가까운 화석 식물 종(種)이 공원 내의 풍부한 화석 퇴적물 가운데 발견되었다. 또한 공원 안에는 세계에서 가장 크다고 알려진 칼데라호(45㎞×75㎞)가 있다.

육상, 민물, 해안 및 해양 생태계와 동식물 군락의 진화 및 발전에 있어 생태학적, 생물학적 과정을 보여주는 탁월한 사례에 해당하는 것

• 옐로스톤 국립공원 (Yellowstone National Park)
옐로스톤 국립공원은 지구의 북부 온대 지역에서 온전하게 보존되어 있는 거대 생태계 가운데 하나이다. 공원 내에 있는 모든 식물은 직접적인 관리는 이루어지지 않고, 자연적인 계승을 통해 자라고 있다. 만약 번개로 산불이 나서 그 화재로 인해 손상을 입는다고 해도 자연적으로 발생하는 영향은 가능한 한 허용하고 있다. 옐로스톤 국립공원의 명물 가운데 하나인 들소(bison)는 한때 다른 야생동물들과 함께 대평원(Great Plain)을 덮었던 무리로, 지금도 계속해서 자유롭게 방목되고 있는 유일한 야생동물이다.

옐로스톤의 Steamboat 간헐 온천
_ Hsing-Mei Wu 사진

옐로스톤 그랜드 캐니언의 폭포
_ Scott Catron 사진

과학이나 보존의 관점에서 볼 때 탁월한 보편적 가치가 있는 현재 멸종 위기에 처한 종 등 생물학적 다양성의 현장 보존을 위해 중요하고 의미가 큰 자연 서식지를 포괄하는 사례에 해당하는 것

• **옐로스톤 국립공원** (Yellowstone National Park)

옐로스톤 국립공원은 희귀한 식물과 동물 보존을 위한 북아메리카의 중요한 피난처이자 생태계 과정을 볼 수 있는 모델로서 기능하고 있다. 이곳의 회색곰(grizzly bear)은 세계에서 집중적으로 연구해 많이 알려진 곰 개체군들 가운데 하나이다. 회색곰 연구는 생태계의 상호의존적 관계에 대한 더 큰 이해를 이끌어 냈다. 옐로스톤 국립공원은 인간이 주는 영향을 최소화하여 이곳의 동식물을 보호할 뿐만 아니라 개체수와 분포 또한 보호받으며 생물학적 진화 과정이 진행될 수 있도록 했다.

5. 한국의 유네스코 세계유산

❁

1950년에 유네스코 55번째 회원국이 된 한국

우리나라는 비교적 이른 시기인 1950년 6월 14일에 국제 협력을 통해 세계 평화를 추구하기 위해 유네스코에 가입(우리나라가 가입한 첫 번째 국제 기구)하여 55번째 회원국이 되었다. 그러나 안타깝게도 그로부터 2주 만인 6월 25일에 한국전쟁이 발발했다.

하지만 전쟁의 어려운 상황 가운데에도 불구하고 우리나라 정부는 유네스코 활동을 위해 국가위원회 설치를 추진하여 한국전쟁이 끝난 뒤 1954년 마침내 유네스코한국위원회(KNCU, Korean National Commission for UNESCO)를 창립했다(유네스코한국위원회 2021).

유네스코한국위원회 주요 연혁(Key dates and records for KNUC)[65]

1950년 6월 14일	한국의 유네스코 가입
1953년 7월 6일	〈한국유네스코위원회 설치령〉 공포
1954년 1월 30일	유네스코한국위원회(KNCU) 설립
1967년 2월 15일	유네스코회관 준공(서울 명동 소재)
1977년 7월 18일	유네스코청년원(현, 유네스코 평화센터) 개원
2020년 6월 14일	한국 유네스코 가입 70주년

유네스코 세계유산목록에 등재된 한국의 문화유산

1950년 6월 14일 세계에서 55번째로 유네스코에 가입하고, 1954년 유네스코한국위원회(KNCU)를 창립한 우리나라는 마침내 1995년에 석굴암과 불국사, 해인사 장경판전, 종묘를 문화유산으로 유네스코 세계유산에 등재했다. 그 후 2007년에 제주 화산섬과 용암 동굴을 자연유산으로 처음 등재했다. 2021년 현재 13개의 문화유산과 2개의 자연유산을 포함해 총 15개가 세계유산으로 등재되어 있다. 또한 무형문화유산 21개, 세계기록유산 16개, 잠정목록 12개가 유네스코에 등재되어 있다.

이처럼 우리나라는 유네스코 세계유산목록에 문화유산과 자연유산, 무형문화유산과 세계기록유산을 모두 등재하고 있다. 아직은 복합유산과 위험에 처한 세계유산목록에서는 우리나라의 유산을 찾을 수 없다.

우리나라의 유산들이 유네스코의 탁월한 보편적 가치 기준에 등재된 것을 보면 유네스코 세계유산협약이 대체로 '서양에서 창시되고 개발되었음에도 동양과 그 외 지역들까지 영향을 미치며 세계의 유산 범주에 함께 적용하고 있다는 것을 보여 준다.

우리나라 정부가 한국의 유산을 세계유산으로 등재했다는 것은 일단 자국의 유산을 한국을 넘어 '세계'의 유산으로 내놓았다고도 말할 수 있다. 그 말은 유네스코 세계유산위원회의 뜻에 따라 한국의 유산을 한국 사람들을 넘어 전 세계 사람들이 공동으로 보호하고 보존해야 하는 유산으로 인정했다는 것을 상징한다. 또 한편 우리나라가 1995년부터 꾸준히 한국의 유산을 세계유산으로 등재하기 위해 많은 시간과 기금을 투자하고 있다는 것은 그만큼 유네스코 세계유산의 산업이 커졌다는 것도 보여 준다.

다음의 표를 살펴보면 우리나라가 세계유산 등재에 어떠한 유적지들을 우선순위에 두었는지 알 수 있다.

유네스코 세계유산목록에 등재된 한국의 문화유산[66]

문화유산명	등재연도	문화유산명	등재연도
석굴암, 불국사	1995	조선 왕릉	2009
해인사 장경판전	1995	한국의 역사 마을 하회와 양동	2010
종묘	1995	남한산성	2014
창덕궁	1997	백제역사유적지구	2015
화성	1997	산사, 한국의 산지 승원	2018
고창, 화순, 강화의 고인돌 유적	2000	한국의 서원	2019
경주역사유적지구	2000		

2021년 현재 한국의 문화유산 13개가 유네스코 세계유산에 등재되었고, 잠정목록에는 강진 도요지(Kangjingun Kiln Sites, 1994), 중부내륙산성군, 염전, 대곡천 암각화군, 낙안읍성, 외암마을, 서울 한양도성, 김해/함안 가야고분군, 고령 지산동 대가야 고분군, 화순 운주사 석불석탑군 등이 포함되어 있다.

1995년에 우리나라에서 유네스코 세계유산으로 처음 등재된 세 곳은 석굴암과 불국사, 해인사 장경판전, 종묘이다. 우리나라는 1961년에 국가 보물이라는 개념을 만들어 문화유산 보존과 보호에 관심을 기울이기 시작했다. 1962년에 '문화재보호법'을 제정하여 영원히 보존해야 할 민족적, 국가적 최고의 자산을 보호하는 법적 근거를 만들었다. 2021년 현재 국보 제1호 서울 숭례문부터 국보 제336호 구례 화엄사 목조비로자나삼신불좌상까지 지정되어 있다.

유네스코 세계유산으로 처음 등재된 1995년 기준으로 보았을 때 당시

국보는 제285호까지 지정되어 있었다. 285개의 많은 국보 가운데 유네스코 세계유산에 세 곳이 등재된 것을 보면, 정부가 어느 유산을 세계적인 가치를 가지고 있는 유산으로 우선순위를 두고 있는지 확인할 수 있다. 마찬가지로 어느 나라든지 처음 유네스코에 등재된 세계유산이 무엇인지 살펴보면 그 나라가 세계에 가장 소개하고 싶은 유산이 무엇인지 그 우선순위를 알 수 있다. 그 부분에 국가 대표성의 의의가 있다고 말할 수 있을 것이다.

그렇다면, 우리나라가 처음 세계유산으로 등재하기를 원한 석굴암과 불국사, 해인사 장경판전, 종묘 이 세 곳이 어떤 유네스코 등재 기준을 충족하여 유네스코 세계유산으로 등재되었는지 살펴보겠다.

석굴암과 불국사(Seokguram Grotto and Bulguksa Temple)[67]

신라 시대 8세기에 토함산 비탈에 세워진 석굴암과 불국사는 탁월한 의미를 가진 종교 시설 집합체이다. 당시 신라의 재상이었던 김대성의 감독으로 불국사와 석굴암이 동시에 축조를 시작했다. 김대성은 현생의 부모를 기리기 위해서 불국사를, 전생의 부모를 기리기 위해 석굴암을 짓고자 했다.

석굴암은 화강암으로 만든 유산으로, 전실(antechamber), 통로(corridor), 주실(rotunda)로 구성되어 있다. 석굴암의 본존불상은 바다를 응시하며 깨달음을 얻는 순간을 묘사한 모습으로 제작된 석가모니(Sakyamuni Buddha)의 기념비적인 동상이다. 주변 벽에는 수호신들, 보살들, 제자들이 조각되어 있다. 석굴암의 조각상들은 동아시아 불교 예술의 걸작으로 인정받고 있다. 돔형으로 된 주실과 통로의 천정에는 360개 이상의 석판을 사용하는 혁신적인 건축 기술을 사용했다.

불국사는 석조 기단 위에 지은 목조 건축물로 이루어진 불교 사원이다. 불국사 경내는 비로자나불의 전당인 비로전, 득도의 전당인 대웅전, 최고의 복의 전당인 극락전, 이렇게 세 구역으로 나누어진다. 세 구역과 석단은 부처의 나라를 상징하는 공간으로 설계되어 있다. 대웅전 앞에 세워진 석가탑과 다보탑과 석단, 석교를 통해 신라의 훌륭한 석조 기술을 확인할 수 있다.

석굴암과 불국사는 떨어져 위치해 있지만, 석굴암은 불국사의 암자이므로 하나의 건축물로 볼 수 있다.[68]

석굴암과 불국사는 1995년에 문화유산으로서 유네스코 등재 기준 (i), (iv)를 충족하며 세계유산으로 등재되었다.

유네스코
기준 i

인간의 창의성으로 빚어진 걸작에 해당하는 것

• **석굴암과 불국사** (Seokguram Grotto and Bulguksa Temple)
석굴암은 제석천 2구, 나한 10구, 감실보살 8구, 인왕 2구 등으로 둘러싸인 본존불상을 모두 백색 화강암으로 조각한 동아시아 불교 예술의 걸작이다.

유네스코
기준 iv

인류 역사에 있어 중요 단계를 예증하는 건물 양식, 건축적 또는 기술적 총체, 경관의 탁월한 사례에 해당하는 것

• **석굴암과 불국사** (Seokguram Grotto and Bulguksa Temple)
석굴과 석조 조각품이 배치된 석굴암과 목조 건축물과 석조 기단을 갖춘 불국사는 8세기 신라의 수도 경주에서 번성했던 불교 신앙을 표현한 건축물로서, 불교 건축의 탁월한 예이다.

해인사 장경판전(Haeinsa Temple Janggyeong Panjeon,
the Depositories for the Tripitaka Koreana Woodblocks)[69]

가야산에 있는 해인사 장경판전은 1237년에서 1248년 사이에 약 8만 개의 목판에 새겨진 불교 법문이 가장 완전하게 담긴 팔만대장경(Tripitaka Koreana)을 보관하기 위한 건축물이다. 팔만대장경은 몽골의 침략으로부터

고려를 지키기 위한 바람을 불력에 호소하여 새긴 목판이다. 팔만대장경에 새겨진 글자들의 뛰어난 정확성과 우수한 수준은 전 세계 불교 학자들에 의해 인정받고 있다. 목판에 섬세하게 새긴 한자 조각 기술에도 높은 가치를 갖고 있으며, 글자를 새긴 방식이 한 사람의 작품이라고 추측할 정도로 규칙적이다.

장경판전은 두 개의 긴 건물과 그 사이에 있는 작은 두 개의 건물로 구성되어 있고, 마당 주변에 직사각형으로 배치되어 있다. 해인사에서 가장 중요한 건물로서 해인사의 주불전보다 높은 곳에 위치하고 있다. 15세기 조선 전기의 전통 양식으로 건축된 장경판전은 배치, 규모, 조화, 리듬 등이 세밀하고 조화롭게, 간결하게 제작된 특징을 갖고 있다.

4개의 건물로 이루어진 장경판전은 목판을 보존하기 위해 효과적인 방법을 모두 동원했고, 접근과 보관이 용이한 구조로 이루어져 있다. 또한 자연 환기가 이루어지고 온도와 습도가 기후 조건에 따라 조절되도록 특별히 설계해, 설치류와 곤충 등에 의해 피해를 입지 않도록 했다. 이 때문에 약 500년 동안 목판들이 잘 보존되어 왔다. 해인사는 한국의 불교도뿐만 아니라 세계의 불교도들과 학자들 사이에서 순례지로 유명하다.

해인사 장경판전은 1995년 유네스코 등재 기준 (iv), (vi)을 적용하여 문화유산으로서 유네스코 세계유산으로 등재되었다.

유네스코
기준 iv : 인류 역사에 있어 중요 단계를 예증하는 건물 양식, 건축적 또는 기술적 총체, 경관의 탁월한 사례에 해당하는 것

• 해인사 장경판전 (Haeinsa Temple Janggyeong Panjeon, the Depositories for the Tripitaka Koreana Woodblocks)
해인사 장경판전은 15세기에 팔만대장경을 인쇄하기 위해 만든 8만

개의 목판을 보관하고 보존하는 문제를 해결하기 위해 개발된 곳으로 독특하고 특수한 구조로 건축되었다.

유네스코
기준 vi

탁월한 보편적 중요성이 있는 사건이나 살아 있는 전통, 사상이나 신앙, 예술 및 문학 작품과 직접 또는 유형적으로 연관된 것(위원회는 이 기준이 다른 기준과 함께 사용될 것을 권장함)

• **해인사 장경판전** (Haeinsa Temple Janggyeong Panjeon, the Depositories for the Tripitaka Koreana Woodblocks)
장경판전이 보관하고 있는 팔만대장경은 13세기 한자로 새겨진 독특한 목판으로 예술성과 뛰어난 판화 기법으로 제작되었다. 이는 세계 불교 교리 문헌 가운데 가장 완전하고 정확한 유산으로 인정받으며, 세계 불교 역사에서 탁월한 위치를 갖고 있다.

종묘(Jongmyo Shrine)[70]

종묘는 조선 왕조의 왕과 왕비의 신주를 모신 사당이다. 종묘는 왕실의 정통성을 상징하는 곳으로 왕은 정기적으로 이곳 사당에 와서 백성과 국가의 안전을 기원하기 위한 제사에 참여했다. 유교의 왕실 사당 가운데 가장 오래된 곳으로 잘 보존되어 있고, 공간 배치가 매우 독특하다. 14세기 후반에 공사가 착수되었지만, 16세기 일본의 침략 중에 파괴되었고, 그 후 몇 차례 확장과 복구를 통해 17세기 초에 중건되었다.

종묘는 19.4헥타르에 이르는 타원형 부지에 자리 잡고 있다. 낮은 산으로 둘러싸인 계곡에 세워 전통적인 풍수지리에 따라 자연적인 요소들이 균형을 잘 이룰 수 있도록 건립했다. 종묘의 주요 건물은 정전(주전), 영녕전(별묘)이다. 그 밖에 왕이 조상 왕을 추모하는 목조 건물인 망묘루, 조선 태조가 고려 공민왕을 위해 지은 사당 공민당, 제례용 물품 보관소인 향대청, 왕과 참석자들이 제사를 기다리던 재궁 등이 있다. 종묘는 엄격한 왕실 감독하에 유교의 조상 숭배 사상과 의례 형식을 충실하게 지키며 건축되었고, 현재도 조선 왕조 때의 원형을 그대로 유지하고 있다.

또한 제사 의례인 종묘제례가 제례음악과 춤과 함께 현재에도 행해지고 있다. 종묘의 건축과 관리, 종묘제례의 운영 등은 모두 조선 왕조의 의전 기록에 의해 상세히 남아 있다.

종묘는 문화유산으로서 유네스코 등재기준 (iv)에 의해 1995년에 유네스코 세계유산으로 등재되었다.

유네스코 기준 iv 인류 역사에 있어 중요 단계를 예증하는 건물 양식, 건축적 또는 기술적 총체, 경관의 탁월한 사례에 해당하는 것

• **종묘** (Jongmyo Shrine)
종묘는 16세기 이후부터 손상 없이 완전한 형태로 유지되어 온 유교 왕실 사당의 대표적인 예이다. 건축물과 함께 전통적인 의례와 형식 등이 무형문화유산으로 더해져 그 중요한 가치가 강화되어 있다.

이와 같이 1995년에 등재된 세 곳의 문화유산을 시작으로, 1997년에는 창덕궁과 화성, 2000년에는 고창, 화순, 강화 고인돌 유적지와 경주역사유적지구가 유네스코 세계유산으로 등재되었다. 그 이후 계속 등재되어 2021년 기준으로 총 13개의 문화유산이 등재되어 있다. 그 간략한 내용을 등재 순서에 따라 살펴보겠다.

창덕궁(Changdeokgung Palace Complex)[71]
서울 종로구에 57.9헥타르에 걸쳐 위치해 있는 창덕궁은 15세기 조선시대 때 건축된 왕궁이다. 창덕궁은 중앙궁인 경복궁의 이궁으로 조성된 곳

으로, 건축 목적이나 도성 내의 공간적인 위치에 있어서 경복궁과 차이가 있다. 이곳은 왕궁 건축의 전형적인 틀을 넘어 자연 지형을 이용하여 건축한 창조적인 건축물로 주변의 자연 환경과 뛰어난 조화를 이루는 사례를 보여 준다.

수세기 동안 건축, 정원 및 조경 계획, 관련 예술의 발전에 큰 영향을 미친 창덕궁은 1997년 문화유산으로서 유네스코 등재 기준 (ii), (iii), (iv)에 의해 탁월한 보편적 가치를 인정받음으로 유네스코 세계유산에 등재되었다.

화성(Hwaseong Fortress)[72]

화성은 경기도 수원시에 있는 성곽으로 18세기 후반 조선의 정조가 자신의 부친 장헌세자의 묘를 옮기면서 새로운 정치적 기반을 형성하기 위해 축조한 요새이다. 성곽의 길이는 5.74km에 달하며, 130헥타르의 면적을 에워싸고 있다. 1801년에 간행된 화성의 준공 보고서인 《화성성역의궤(華城城役儀軌)》를 통해 화성 성곽 공사의 자세한 내용을 알 수 있다. 화성은 기존 성곽의 문제점을 개선하고 유럽과 동아시아의 사례를 참고해 실학자들의 세심한 연구 끝에 축조되었다.

화성은 18세기 조선의 급진적인 사회 변화와 기술 발전을 보여 주는 증거로 유네스코 등재 기준 (ii), (iii)를 의해 1997년에 유네스코 세계유산으로 등재된 문화유산이다.

고창, 화순, 강화의 고인돌 유적
(Gochang, Hwasun and Ganghwa Dolmen Sites)[73]

고창, 화순, 강화의 고인돌 유적은 세계 어느 나라보다도 고인돌의 형태가 다양하며, 밀집도가 높다. 고인돌은 선사 시대의 거석 기념물이다. 440기의 고창 고인돌을 비롯해, 화순, 강화에도 수백 기의 고인돌이 집중적으로 분포되어 있다. 대부분 원형을 잘 유지하고 있는 세 곳의 고인돌 유적지를 통해 세계의 다른 유적지보다 더욱 생생하게 선사 시대의 기술과 사회상을 볼 수 있다.

세 곳의 고인돌 유적은 2000년에 유네스코 등재 기준 (iii)를 충족하며 탁월한 보편적 가치를 인정받아 문화유산으로서 유네스코 세계유산으로 등재되었다.

경주역사유적지구(Gyeongju Historic Areas)[74]

경주역사유적지구에는 7~10세기 신라 시대의 조각, 탑, 사지, 사찰과 왕궁 유적을 비롯해 뛰어난 한국의 불교 미술 유적들이 집중적으로 보존, 관리되어 있다. 1000년(B.C.57~935년)의 신라 통치 역사와 뛰어난 문화적 업적들을 총 5개의 구역으로 이루어진 경주유적지구의 유적을 통해 볼 수 있다. 남산지구, 월성지구, 대릉원지구, 황룡사지구, 산성지구에 보존되어 있는 각기 다른 종류의 유산들을 통해 신라 시대의 도시 배치, 사회 구조, 생활양식 등 신라 문화의 탁월한 보편적 가치를 확인할 수 있고, 이는 원형 그대로 대부분 잘 보존되어 있다.

경주역사유적지구는 유네스코 등재 기준 (ii), (iii)을 충족하여 문화유산으로서 2000년에 유네스코 세계유산으로 등재되었다.

조선 왕릉(Royal Tombs of the Joseon Dynasty)[75]

1408년부터 1966년까지 5세기에 걸쳐 지어진 조선 왕릉은 총 40기의 왕릉이 18개 지역에 흩어져 보전되어 있다. 풍수 원리에 의해 형성된 조선 왕릉은 유교 문화에 입각한 의례를 결합한 조상 숭배의 전통을 위해 섬세한 자연 환경 속에 조성되어 있다. 세속적인 구역에서부터 신성한 구역에 이르기까지 계층적으로 이어지는 배치와 그 독특한 구조와 대상물로 이루어진 조선 왕릉은 건축과 자연 환경과의 조화를 보여 주는 탁월한 예이다. 또한 조선 왕릉을 통해 한국과 동아시아의 무덤 발전의 중요한 단계를 알 수 있다.

이곳은 2009년에 유네스코 등재 기준 (iii), (iv), (vi)에 의해 탁월한 보편적 가치를 인정받음으로 문화유산으로서 유네스코 세계유산에 등재되었다.

한국의 역사 마을 : 하회와 양동
(Historic Villages of Korea: Hahoe and Yangdong)[76]

90km의 거리로 서로 떨어져 있는 하회 마을과 양동 마을은 500년 동안 통치했던 조선 시대의 중심인 한반도의 남동부에 위치해 있는 한국의 대표적인 역사적 씨족 마을이다. 두 마을은 14~15세기에 조성되기 시작하여 18세기 후반과 19세기에 현재의 크기와 구성으로 확장되었다. 배산임수의 형태로 세워진 마을 구조와 양반과 평민의 가옥들이 이룬 조화와 계획적인 배치를 통해 유교 문화 속에 있던 조선 왕조의 사회적 구조와 문화적, 철학적 전통을 살펴볼 수 있다.

하회 마을과 양동 마을은 한국의 역사 마을이라는 문화유산으로 2010년에 유네스코 등재 기준 (iii), (iv)에 의해 유네스코 세계유산으로 지정되었다.

남한산성(Namhansanseong)[77]

남한산성은 서울에서 남동쪽으로 25km 떨어진 산악 지대에 축조되었다. 조선 시대(1392~1910년)에 비상시에 활용할 수도로 설계된 산성인 남한산성은 요새화된 도시를 보여 주는 탁월한 예이다. 초기 유적에는 7세기의 모습도 있지만, 수차례 재건되었고, 특히 17세기 초에는 중국 만주족 청나라의 공격에 맞서기 위해 여러 차례 재건되었다. 남한산성은 17세기 극동지역의 방어적 군사 기술의 총체를 구현하는 요새로, 한국의 산성 설계의 중요한 분기점을 이루며 계속해서 한국의 성곽 건설에 큰 영향을 미쳤다.

남한산성은 유네스코 등재 기준 (ii), (iv)를 충족하는 문화유산으로 2014년에 유네스코 세계유산으로 지정되었다.

백제역사유적지구(Baekje Historic Areas)[78]

한반도 중서부 산간 지역에 위치한 3개 도시에 있는 백제역사유적지구는 주변 지역과 빈번한 교류를 통해 문화 발전의 절정을 보여 준 백제 후기 시대를 대표하는 유적지이다. 백제는 700년(B.C.18~660년) 동안 지속된 한반도의 고대 3개 왕국 중 하나로, 유적은 당시의 수도였던 공주시, 부여군, 익산시 지역에 걸쳐 8개의 고고학 유적지에 분포되어 있다. 백제역사유적지구의 고고학 유적지와 건축은 한국, 중국, 일본의 고대 왕국들 사이에 있었던 교류를 통해 이룬 백제의 건축 기술의 발전과 불교의 확산에 대한 증거를 보여 준다. 또한 이곳의 유적들은 백제의 고유한 문화, 종교, 예술에 대한 탁월한 증거이기도 하다.

백제역사유적지구는 문화유산으로서 유네스코 등재 기준 (ii), (iii)에 의해 2015년에 유네스코 세계유산으로 등재되었다.

산사, 한국의 산지 승원(Sansa, Buddhist Mountain Monasteries in Korea)[79]

산사(한국의 산지 승원)는 한반도 남부 지방 전역에 위치한 7개의 불교 사찰, 즉 통도사, 부석사, 봉정사, 법주사, 마곡사, 선암사, 대흥사로 구성되어 있다. 7세기에서 9세기까지 세워진 7개의 사찰은 한국 불교의 역사적 발전을 반영하고 있으며, 승가공동체의 종교적 신념, 영적 실천 및 일상생활의 중심지로 기능해 왔다. 또한 조선 시대의 억압과 수년에 걸친 전쟁과 갈등으로 인한 피해에도 불구하고 불교 신앙과 종교의 생활 중심지로 현재까지 살아남아 불교 전통에 대한 탁월한 증언을 제공해 준다.

산사는 문화유산으로서 2018년에 유네스코 등재 기준 (iii)를 충족하며 유네스코 세계유산으로 지정되었다.

한국의 서원(Seowon, Korean Neo-Confucian Academies)[80]

한국의 서원은 16세기 중엽부터 17세기 중엽 사이에 건립된 조선 시대의 성리학 교육을 대표하는 시설이다. 소수서원, 남계서원, 옥산서원, 도산서원, 필암서원, 도동서원, 병산서원, 무성서원, 돈암서원 등 9개의 서원이 한국의 서원을 대표하는 유산으로 구성되어 있다. 한국의 서원을 통해 중국에서 도입된 성리학이 조선에서 어떻게 자리매김하여 변화했는지 그 역사적 과정을 알 수 있다. 한국의 서원은 조선 시대의 교육과 사회적 활동의 근본으로 보편화된 성리학의 탁월한 증거라고 할 수 있다.

한국의 서원은 문화유산으로서 2019년에 유네스코 등재 기준 (iii)를 충족하며 유네스코 세계유산으로 등재되었다.

❀

유네스코 세계유산목록에 등재된 한국의 자연유산

세계유산의 보존은 사실 힘든 일이다. 보존과 개발 사이에서 균형을 잡아야 하는 중대한 과제가 있기 때문이다. 유산을 있는 그대로 보존한다면 시간이 지남에 따라 훼손될 위기가 닥칠 것이고, 인공적인 관리를 더한다면 탁월한 보편적 가치의 유지가 쉽지 않게 된다. 그래서 섬세하고 치밀하게 과학적으로 접근해야만 한다.

이러한 관점에 볼 때 문화유산보다 자연유산 보존은 더 어렵다. 자연유산을 보존하고 개발하고 홍보하는 일은 매우 어려운 일이기에 각별한 주의와 전략이 필요하다. 특히 동물들의 서식지 등은 더욱 힘든 보존 대상이 된다. 그래서 유네스코는 여러 국제기구와 함께 다양한 프로그램을 통해 자연유산을 비롯해 국제보호지역을 보호하는 데 앞장서고 있다. 유네스코의 세계유산, 생물권보전지역, 세계지질공원 등이 그것이다.

먼저 자연유산에 대해 살펴보겠다. 유네스코의 자연유산은 2021년 기준 218개가 세계유산목록에 올라가 있다. 우리나라는 두 곳의 자연유산이 유네스코 세계유산으로 등재되어 있다. 2007년에는 제주 화산섬과 용암동굴, 2021년에는 한국의 갯벌이 세계유산으로 등재되었다. 또한 잠정목록에는 설악산 천연보호구역(Mt. Soraksan Nature Reserve, 1994), 남해안 일대 공룡화석지(Sites of fossilized dinosaurs throughout the Southern seacoast, 2002), 우포늪(Upo Wetland, 2011)이 포함되어 있다.

이 가운데 첫 등재 대상이었던 제주 화산섬과 용암 동굴을 먼저 살펴보겠다.

제주 화산섬과 용암 동굴(Jeju Volcanic Island and Lava Tubes)[81]

제주 화산섬와 용암 동굴은 세 구역으로 이루어진 연속적인 유산이다. 거문오름용암동굴계는 비교할 수 없는 월등한 특징을 갖고 있고, 다른 두 지역은 다양하고 접근하기 쉬운 화산의 특징을 보여 주어 세계 화산 활동을 이해하는 데 탁월하고 중요한 기여를 하고 있다. 거문오름용암동굴계 외 지역은 성산일출봉 응회구, 한라산이다.

제주 화산섬과 용암 동굴은 2007년에 우리나라에서는 최초로 자연유산으로서 유네스코 등재 기준 (vii), (viii)을 충족하여 유네스코 세계유산으로 등재되었다.

유네스코 기준 vii : 최상의 자연 현상이나 뛰어난 자연미와 미학적 중요성을 지닌 지역을 포함하는 것

• 제주 화산섬과 용암 동굴
  (Jeju Volcanic Island and Lava Tubes)

세계 최고의 동굴계로 평가되는 거문오름용암동굴계는 같은 종류의 동굴을 경험한 사람들도 감탄하는 시각적 효과를 가지고 있다. 동굴 천장과 바닥에는 다양한 색깔의 탄산염 생성물이 장식되어 있

제주 화산섬(한라산 백록담)
_Kim Sungho 사진

제주 화산섬(성산일출봉)
_문화재청 사진

고, 탄산염 동굴침전물은 어두운 용암 벽에 벽화를 그린 듯한 독특한 광경을 보여 준다. 성산일출봉 응회구는 바다 밖으로 벽이 솟아오르는 듯한 극적인 경관을 갖고 있다. 변화하는 계절에 따라 질감과 색채가 달라지는 한라산은 폭포, 다양한 모양으로 형성된 암석층, 주상절리 절벽, 분화구에 호수가 있는 솟아오르는 듯한 정상의 모습 등으로 그 경관과 미적 매력이 대단하다.

유네스코
기준 viii

생명의 기록이나, 지형 발전상 중요한 지질학적 주요 진행과정, 지형학이나 자연지리학의 특징물 등 지구 역사상의 주요 단계를 보여 주는 탁월한 사례에 해당하는 것

• 제주 화산섬과 용암 동굴
(Jeju Volcanic Island and Lava Tubes)

제주는 움직이지 않는 대륙 지각판 위의 열점(hot spot)에 형성되어 있는 대규모 순상 화산(shield volcàno) 지형이다. 이곳은 세계에서 몇 안 되는 곳으로 탁월한 가치를 가지고 있다. 거문오름용암동굴계는 세계에서 가장 인상적이고 중요한 용암동굴계로 보호받고 있으며, 다양한 동굴침전물(speleothem)이 장관을 이루고 있다. 이곳의 동굴침전물은 다른 용암동굴에서 볼 수 없는 풍부하고 다양한 특성을 가진 2차적 탄산염 동굴침전물(종유석과 기타 침전물)이다. 성산일출봉 응회구는 구조적, 퇴적 특성이 이례적으로 드러난 곳으로 섯치 타입(Surtseyan-type)의 화산 폭발 과정을 이해할 수 있는 장소로 세계적인 가치를 평가받고 있다.

본 유산은 2006~2010년의 관리 계획에 따라 관리와 지원이 적절히 이루어지고 있고 재원 또한 잘 공급되고 있다. 주요 관리상의 문제는 농업이 유산의 지하 환경에 영향을 끼치지 않도록 관리하는 것이며, 방문객의 관리 또한 이에 포함된다. 제주도의 다른 중요한 용암동굴계와 화산 지형이 앞으로 유산에 포함되어 등재 유산이 확대될 가능성이 있다.

서천 갯벌 _ 서천군청 사진

고창 갯벌 _ Seungh 사진

신안 갯벌
_Korean Culture and Information Service 사진

순천 갯벌_youngki son 사진

한국의 갯벌(Getbol, Korean Tidal Flats)[82]

2021년에 유네스코 세계유산으로 등재된 우리나라의 갯벌은 서천 갯벌(충남 서천군), 고창 갯벌(전북 고창군), 신안 갯벌(전남 신안군), 보성–순천 갯벌(전남 보성군, 순천시) 등 총 4곳으로 구성된 자연유산이다. 갯벌은 해안의 다양한 퇴적 시스템의 개발을 이끈 지질학, 해양학 및 기후학적으로 복합적인 조합을 보여 준다.

한국의 갯벌은 특히 멸종 위기에 있는 철새의 중간 기착지로 가치가 크며 생물 다양성의 보존을 위한 중요한 서식지로 탁월한 보편적 가치를 가지는 곳으로, 유네스코 기준 (x)를 충족하여 자연유산으로서 유네스코 세계유산에 등재되었다.

❀

국제보호지역을 위한 유네스코의 노력

한 국가의 유산이 국제보호지역으로 지정되어 보호된다는 것은 국가가 자국의 유산을 한 국가의 소유를 넘어 인류의 자산으로 생각하고 보호하기를 원할 때 가능하다. 이때 무엇보다 국가가 보유하고 있는 보존 가치가 있는 자연을 세계 모든 사람이 함께 보호하여 공유하기를 바라면서 능동적으로 나서서 세계에 알리려는 노력이 필요하다. 우리나라 역시 여러 국제기구의 회원으로서 우리나라의 자연과 보호지역을 알리고 세계와 함께 공유하기 위해 국제보호지역 지정에 많은 노력을 기울이고 있다.

우리나라의 어떤 곳이 국제보호지역으로 지정되어 보호되고 있는지 살펴보겠다. 먼저 유네스코의 생물권보전지역이다.

생물권보전지역(Biosphere Reserves)

'인간과 생물권(Man and the Biosphere, MAB) 프로그램'은 1968년 9월 파리에서 유네스코 주최로 열린 '생물권 자원의 합리적인 이용과 보전의 과학적 기초에 관한 정부간 전문가회의'에서 비롯되었다. 이후 1971년에 유네스코 총회를 통해 공식적으로 '인간과 생물권(MAB)' 사업이 설립되고, 유엔인간환경회의(UNCHE)에서 확인되어 세계적으로 시작되었다. 이 사업을 실행하는 한 방안으로 고안된 것이 생물권보전지역이다. 생물권보전지역은 유네스코의 '인간과 생물권(MAB) 프로그램'의 틀 내에서 국제적으로 인정되는 육상 및 해안/해양 생태계 또는 이들의 조합으로 인간과 생물권 사이의 균형 잡힌 관계를 촉진하고 입증하기 위해 설립된 것이다.[83]

1976년 국제 생물권보전지역 총회에서 57개 지역이 처음으로 지정된 이후, 2021년 기준으로 131개국 727개 지역이 생물권보전지역으로 지정되어 있다. 물론, 목록에 지정되었다가 삭제되는 경우도 종종 있다.[84]

현재 지정되어 있는 우리나라의 생물권보전지역은 9개 지역이다.[85] 1982년에 처음으로 설악산이 생물권보전지역으로 지정된 이후, 신안 다도해(2009년), 광릉숲(2010년), 고창(2013년), 순천(2018년), 강원생태평화(2019년), 연천 임진강(2019년) 지역이 생물권보전지역으로 지정되었다. 그리고 2021년 9월, 나이지리아 아부자에서 열린 제33차 유네스코 MAB 프로그램 국제조정이사회(ICC)에서 완도군이 생물권보전지역으로 지정되었다.

세계지질공원(Global Geoparks Network)

세계지질공원은 단독 혹은 연합으로 있는 지질학적 공원으로서 국제적으로 지질학적 가치가 있어 보호 및 교육, 유지를 위해 관리되고 있는 곳이다.

2001년 유네스코는 유럽지질공원 네트워크(European Geoparks Network)

와 협력하기로 결정한 후, 2004년 17개의 유럽지질공원과 8개의 중국 지질공원이 모여 세계지질공원 네트워크(Global Geoparks Network)를 결성했다. 2015년 11월에 195개국이 세계지질공원을 유네스코의 공식 프로그램으로 승인하여, 2021년 기준으로 유네스코 세계지질공원은 44개국 169개가 있다. 우리나라는 제주(2015년), 청송(2017년), 무등산권(2018년), 한탄강(2020년) 일대가 유네스코 세계지질공원으로 지정되어 있다.[86]

❂

한국의 유네스코 세계기록유산

우리나라는 1997년에 《훈민정음(해례본)》과 '조선왕조실록' 등재를 시작으로 2017년 국채보상운동 기록물까지 총 16개의 세계기록유산을 가지고 있다. 이로써 아시아태평양지역에서 가장 많은 세계기록유산을 가진 나라가 되었다.[87]

한국의 유네스코 세계기록유산

세계기록유산명	등재연도	세계기록유산명	등재연도
《훈민정음(해례본)》	1997	《일성록》	2011
《조선왕조실록》	1997	《난중일기》	2013
《불조직지심체요절》 하권	2001	새마을운동 기록물	2013
《승정원일기》	2001	KBS 특별생방송 '이산가족을 찾습니다' 기록물	2015
고려대장경판 및 제경판	2007	한국의 유교책판	2015
조선왕조 《의궤》	2007	조선통신사에 관한 기록 (한국, 일본 공동 등재)	2017
《동의보감》	2007	조선왕실 어보와 어책	2017
1980년 인권기록유산 5·18 광주 민주화운동 기록물	2011	국채보상운동 기록물	2017

《훈민정음(해례본)》은 우리나라 국보 제70호에, '조선왕조실록'은 제151호에 지정된 문화재로서 가장 처음 유네스코 세계기록유산으로 등재된 보물이다. 유네스코 세계기록유산의 소개를 중심으로 살펴보겠다.

《훈민정음(해례본)》(Hunminjeongum Manuscript)[88]

1446년 음력 9월에 반포된 훈민정음(訓民正音) 판각 원본에는 조선의 4대왕 세종대왕(재위 1418-1450)이 현재 '한글'(han-gul)이라고 부르는 문자를 1443년에 창제하여 반포한 내용이 담겨 있다. 또한 정인지 등 집현전 학자들의 해례, 즉 해설과 용례를 쓴 해례본이 포함되어 있다. 따라서 이를 《훈민정음》 또는 《훈민정음(해례본)》이라 부르며, 현재 간송미술관에 보관되어 있다.

《조선왕조실록》(The Annals of the Choson Dynasty)[89]

《조선왕조실록》은 조선 왕조를 시작한 태조(1392~1398) 때부터 철종(1849~1863)까지 조선 왕조 470여 년간의 역사를 담고 있다.

❋

한국의 유네스코 무형문화유산

우리나라는 유세스코 세계유산목록에 1995년에 문화유산을, 2007년에 자연유산을 처음으로 등재했다. 그리고 1997년에 세계기록유산을, 2008년에는 무형문화유산 등재를 시작하여 계속해서 한국의 전통유산을 세계에 알리고 있다.

한국의 유네스코 무형문화유산

무형문화유산명	등재연도	무형문화유산명	등재연도
종묘제례 및 종묘제례악	2008 (2001선정)	한산 모시짜기	2011
판소리	2008 (2003선정)	택견, 한국의 전통 무술	2011
강릉단오제	2008 (2005선정)	줄타기	2011
제주 칠머리당 영등굿	2009	아리랑, 한국의 서정민요	2012
영산재	2009	김장, 김치를 담그고 나누는 문화	2013
강강술래	2009	농악	2014
남사당놀이	2009	줄다리기	2015
처용무	2009	제주해녀문화	2016
대목장, 한국의 전통 목조 건축	2010	씨름, 한국의 전통 레슬링 (한국, 북한 공동 등재)	2018
가곡, 국악 관현반주로 부르는 서정적 노래	2010	연등회, 한국의 등 축제	2020
매사냥, 살아 있는 인류 유산 (한국, 독일 등 17개국 공동 등재)	2010		

우리나라는 일찍이 1962년에 제정된 문화재보호법으로 무형유산을 보호해 오고 있었다. '종묘제례악'은 1964년 국가 중요무형문화재 제1호였고, '종묘제례'는 제56호로 지정되었다. 그 후 2001년 유네스코 무형문화유산에 선정되었다가 2008년에 공식적으로 유네스코 무형문화유산으로 등재되었다. 동시에 2003년에 선정된 판소리와 2005년에 선정된 강릉단오제도 2008년에 공식적으로 유네스코 무형문화유산으로 등재되었다. 이 가운데 종묘제례 및 종묘제례악을 살펴보겠다.

종묘제례 및 종묘제례악

(Royal ancestral ritual in the Jongmyo shrine and its music)[90]

서울에 위치하고 있는 종묘는 조선 왕실의 조상들을 위한 사당으로, 이곳에서는 유교의 제례를 배경으로 노래와 춤, 음악을 행한다. 종묘제례는 매년 5월 첫째 일요일에 왕실의 후손들에 의해 진행된다. 이를 통해 중국에서는 더 이상 기념되고 있지 않은 유교의 제례를 진행하는 독특한 사례를 만날 수 있다. 종묘제례는 조상 숭배와 효의 개념에 관해 중국 고전에서 영감을 얻은 제례이다. 또한 종묘제례는 조상의 영혼을 모시는 사당인 종묘에서 조상의 영혼이 영원한 평화를 누리도록 비는 행위 또한 포함한다.

마치면서

유네스코, 결국에는
'사람' 이야기이다

우리는 '세계유산'이 두 번의 세계대전과 '누비아 캠페인' 이후 어떻게 국제적인 관심의 주제가 되었는지 살펴보았다. 책을 마무리하면서 남기고 싶은 생각은 인류의 유산(또는 세계유산)은 근본적으로 '사람'에 관한 것이라는 점이다. 다시 말해, 유산이란 사람들을 위한 것이고, 그것은 시간의 상황에 따라 선택된 소수의 사람들에 의해 정의된다. 소수의 사람들이 유산에 의미와 가치를 부여하기도 하고, 때로는 잊히게도 만든다.

유네스코 세계유산협약은 두 차례의 세계대전을 겪은 후 세계인을 실질적이고 상징적으로 단결시키는 데 유산이 사용된 경우이다. 즉, 세계대전 후 유네스코는 정치와 전쟁으로 인한 인프라의 파손과 인간애에 대한 실망과 실의를 딛고 사람들을 하나로 모으며 위로하는 것을 목표로 세계유산협약을 제정했다.

유네스코는 세계유산을 지정하여 세계 곳곳의 다양한 문화를 존중하고, 탁월한 보편적 가치를 지닌 유산들을 함께 보존하여 현대인과 미래 자손들에게 남겨 주는 것을 목표로 세계유산 사업을 진행했다. 오늘날 유네스코 세계유산은 사람들에게 직접 가서 보고 싶은 곳을 정하는 중요한 기준이 되어 여행지를 검색할 이유를 제공하고 있다. 또한 세계유산이 있는 지역 주민들에게는 생계의 터전을 제공하고, 해당 국가에게는 이미지 제고와 함께 막대한 경제적 이익을 창출할 수 있도록 도움을 주고 있다.

한국을 방문했던 유네스코의 첫 여성 사무총장이었던 이리나 보코바(Irina Bokova)는 그의 강연에서 다음과 같이 유산과 유네스코에 대해 정의했다.

"유산이란 돌덩어리들에 관한 것이 아닙니다. 유산은 살아 있습니다. 지역 공동체와 사람들의 삶 속에 새겨져 있을 때 의미를 획득합니다. 그것은 오늘날 세계의 여러 지역에서 화합의 도구가 되기도 합니다. 유산은 개개인들에게 자신감을 선사하고, 그들이 하나의 지구로 바뀌어가고 있는 세계와 화합하는 데 도움을 줍니다."[91]

"유네스코는 발전이나 재정적 지원을 가져다주진 않습니다. 지속가능한 발전을 위한 조건들을 만듭니다. 유네스코는 이를 통해 21세기 평화의 기반을 닦는 데 기여하고 있습니다. 유네스코는 직접 평화를 유지하는 것이 아니라 그 평화가 지속될 수 있도록 노력하고 있습니다."[92]

'교육, 과학, 문화, 정보 커뮤니케이션에 관한 국제 협력을 촉진하여 세계의 평화와 안전에 공헌을 목적으로 하는 유네스코' 세계유산 이야기는 여전히 진행 중이다. 세계유산은 앞으로 변화하는 환경과 관심에 따라 보호와 보존 방법에 변화가 있을 것이다. 결국 그 시대의 사람들이 결정하는 대로 세계유산의 의미와 가치는 변화하는 것이다. 따라서 세계유산은 그 내용이 아니라, 그 시대의 사회 정치적, 사회 경제적 상황에 따라 크게 변화하는 경향이 있는 '트렌드'라 할 수 있다.

결론적으로, 두 차례의 세계대전이 평화의 필요성을 불러일으켰고, 고대 기념물에 대한 피해가 유네스코와 세계유산협약에 대한 우리의 폭넓은 이해를 이끌어 냄으로 세계유산으로서 고대 기념물들을 보호할 필요성을 촉구했다. 또한 우리가 제시하는 문화가 세계 평화를 유지하고 '보편주의'로 나아가기 위한 더 깊은 목적을 가지고 정치적으로 정의되고 발전되었다는 점은 주목할 가치가 있다고 생각된다. 세계의 평화와 안전을 다시 깊이 생각하면서 이 글을 마친다.

참고문헌

이혁진, 세계문화유산의 이해, 새로미, 2020

이혁진, 윤병국, 이승곤, 임근욱, 유네스코 세계문화유산과 관광, 새로미,
2012

외교부/유네스코한국위원회 변화의 시대, 한국의 유네스코 협력 비전, 외교
부/유네스코한국위원회, 2018

신희권, 문화유산학 개론, 사회평론아카데미, 2018

편집부, 세계유산 : 새천년을 향한 도전, 유네스코한국위원회, 2010

김면, 유네스코 문화다양성 협약위원국의 역할과 과제, 한국문화관광연구
원, 2018

외교부, 2015 유네스코 개황, 휴먼컬처아리랑, 2015

이리나 보코바, 유네스코와 21세기 고등교육, 송창섭 역, 경희대학교 출판
문화국, 2014

팔크 핑엘, 교과서 연구와 수정에 관한 유네스코 안내서, 한운석 역, 동북아
역사재단, 2010

강경환, 조유진, 왜, 세계유산일까? - 유네스코 세계유산 전문가가 들려주
는, 눌와, 2016

김광식, 유네스코 세계유산 만들기, 시간의물레, 2013

한상우, 경남지역 자원의 유네스코 세계유산 등재방안 연구, 경남발전연구
원, 2012

김봉렬, 김종명, 송혜진, 신병주, 우동선, 남승호, 최준식, 조재모, 양윤식,
송호정, 윤영인, 라경준, 유네스코가 보호하는 우리 문화유산 열두 가

지, 시공사, 2002

이종호, 유네스코 선정 한국의 세계문화유산 1 – 불국사와 석굴암부터 백제역사유적지구까지, 북카라반, 2015

내셔널지오그래피 편집위원회, 유네스코 세계유산 내셔널지오그래피 청소년 글러벌 교양지리 3, 이화진 역, 느낌이 있는 책, 2011

베텔스만 유네스코 편집위원회, 유네스코 세계문화유산 전2권, 박영구 외역, 북스캔, 2003

유네스코, 유세스코 세계기록유산, 김윤경 역, 예문사, 2015

김문기, 한국의 세계기록유산, 글누림, 2015

권삼윤, 세계 신 7대 불가사의, 학고재, 2007

컴팩트 편집부, 세계의 불가사의, 한영란 역, 혜원출판사, 2010

김은영 외, 국제보호지역, 유네스코한국위원회, 2019

Armstrong, J. A. (1982). *Nations Before Nationalism*. The University of North Carolina Press.

Bergen, D. L. (2009). *The Holocaust: A Concise History*. Rowman and Littlefield Publishers, INC.

Brezina, C. (2006). *The Treaty of Versailles, 1919: A Primary Source Examination of the Treaty That Ended World War I*. The Rosen Publishing Group.

Breuilly, J. (1993). *Nationalism and the State*. Second Edition. Manchester University Press.

Briney, A. (2019). An Overview and History of UNESCO. *ThoughtCo*, Nov.14,2019.

Byers, A. (2018). *The Treaty of Versailles and the League of Nations*. Cavendish Square Publishing, LLC.

Cooper, Jr, J. M. (2009). *Woodrow Wilson: A Biography*. New York: Alfred A. Knopf.

Cowan, J. K., Dembour, M. B., and Wilson, R. A. (2001). *Culture and Rights: Anthropological Perspectives*. Cambridge University Press.

Delbourgo, J. (2017). *Collecting the World: The Life and Curiosity of Hans Sloane*. London: Allen Lane.

Eriksen, T. H. (2002). *Ethnicity and Nationalism*. Second Edition. Pluto Press.

Erlanger, S. (2012). *What does UNESCO recognition mean, exactly?* The New York Times, January 6, 2012.

Gable, E. and Handler, R. (1996). After Authenticity at an American Heritage Site. *American Anthropologist* 98(3):568-78.

Gellner, E. (2006). Nations and Nationalism. Second Edition. Cornell University Press.

Gilbert, M. (2014). *The Second World War: A Complete History*. Rosetta Books.

Graham, B. (2002). Heritage as Knowledge: Capital or Culture? *Urban Studies*, 39(5-6):1003-1017.

Grimshaw, A. (2008). The Treaty of Versailles: The Major Cause of World War II. *History*. 104, April 2008.

Handler, R. and Gable, E. (1997). *The New History of an Old Museum*. Durham and London: Duke University Press.

Hall, J. A. and Malesevic, S. (eds.). (2013). *Nationalism and War*. Cambridge University Press.

Hardach, G. (1977). *The First World War 1914-1918*. University of

California Press.

Have, H. (2006). The Activities of UNESCO in the Area of Ethics. *Kennedy Institute of Ethics Journal* 16(4), 333-351.

Hetcher, M. (2000). *Containing Nationalism*. Oxford University Press.

Henig, R. (2019). *The Peace that Never Was: A History of the League of Nations*. Haus Publishing Ltd.

Hutchinson, J. (2017). *Nationalism and War*. Oxford University Press.

Jokilehto, J. (2006). World Heritage: Defining the outstanding universal value. *City & Times* 2(2):1.

Joll, J. and Martel, G. (2007). *The Origins of the First and Second World War*. Third Edition. Routledge.

Jones, P. W. (1990). UNESCO and the Politics of Global Literacy. *Comparative Education Review* 34(1):41-60.

Keegan, J. (1997). *The Second World War*. Pimlico.

King, G. and Woolmans, S. (2013). *The Assassination of the Archduke: Sarajevo 1914 and the Romance that changed the world*. St. Martin's Publishing Group.

Kohfeldt, D., Grave, S. (2014). Universalism. In: Teo, T. (eds). *Encyclopedia of Critical Psychology*. Springer. New York.

Labadi, S. (2013). *UNESCO, cultural heritage, and outstanding universal value: Value-based analysis of the World Heritage and Intangible Cultural Heritage Conventions*. Rowman and Littlefield.

Lebow, R. N. (2014). *Archduke Franz Ferdinand Lives! A World*

Without World War I. Palgrave Macmillan.

Leeds, E. J. (1979). *No Man's Land: Combat and Identity in World War I.* Cambridge University Press.

Logan, W. (2019). *Heritage Interpretation for the Reconciliation of Cultures.* Deakin University, 2019 International Conference on UNESCO World Heritage Interpretation.

Renteln, D. A. (2013). *International Human Rights: Universalism Versus Relativism.* Quid Pro Books.

Silberman, N. A. (2019). *What is Heritage?* University of Massachusetts Amherst, 2019 International Conference on UNESCO World Heritage Interpretation.

Slavicek, L. C. (2010). *The Treaty of Versailles.* Milestones in Modern World Heritage. Chelsea House Publishers.

Smith, A. D. (1998). *Nationalism and Modernism.* Routledge.

Smith, L. (2006). *Uses of Heritage.* Routledge.

Taylor, A. J. P. (1961). *The Origins of the Second World War.* Simon and Schuster Paperbacks.

Wells, C. (1987). *The UN, UNESCO and the Politics of Knowledge.* Palgrave Macmillan.

Willamson Jr., S. R. (1991). Austria-Hungary and the Origins of the First World War. Macmillan Education.

Womack, O. (2020). Abu Simbel: The Beginnings of World Heritage. Tenor of Our Times, 9(10).

각주

1. Mark, J. J. (2009). The Seven Wonders: https://www.ancient.eu/The_Seven_Wonders/

2. https://www.britannica.com/list/new-seven-wonders-of-the-world

3. https://www.ancient.eu/The_Seven_Wonders/

4. Mark, J. J. (2009). The Seven Wonders: https://www.ancient.eu/The_Seven_Wonders/

5. 컴팩트 편집부, 세계의 불가사의, 한영란 역, 혜원출판사, 2008, p.21

6. Mark, J. J. (2009) The Seven Wonders: https://www.ancient.eu/The_Seven_Wonders/

7. https://www.ancient.eu/Statue_of_Zeus_at_Olympia/

8. 컴팩트 편집부, 세계의 불가사의, 한영란 역, 혜원출판사, 2008, p.27

9. https://www.britannica.com/topic/Temple-of-Artemis-temple-Ephesus-Turkey

10. https://www.britannica.com/topic/Mausoleum-of-Halicarnassus

11. https://www.ancient.eu/Lighthouse_of_Alexandria/

12. http://www.unmuseum.org/7wonders/medieval_wonders.htm

13. http://www.unmuseum.org/7wonders/medieval_wonders.htm

14. 베텔스만 유네스코 편집위원회, 유네스코 세계문화유산, 박영구 외 역, 북스캔, 2003, p.129

15. https://7wonders.org/asia/turkey/istanbul/hagia-sophia/

16. 베텔스만 유네스코 편집위원회, 유네스코 세계문화유산, 박영구 외 역, 북스캔, 2003, p.232

17. https://www.britannica.com/list/new-seven-wonders-of-the-world

18. https://www.ancient-origins.net/ancient-places-asia/porcelain-tower-nanjing-sevenwonders-medieval-world-0010094

19. 컴팩트 편집부, 세계의 불가사의, 한영란 역, 혜원출판사, 2008, pp.43~44

20. 권삼윤, 세계 신 7대불가사의, 학고재, 2007, pp.16~17

21. https://www.britannica.com/list/new-seven-wonders-of-the-world

22. 권삼윤, 세계 신 7대불가사의, 학고재, 2007, p.27

23. https://www.britannica.com/list/new-seven-wonders-of-the-world

24. https://www.britannica.com/list/new-seven-wonders-of-the-world

25. https://www.britannica.com/list/new-seven-wonders-of-the-world

26. 컴팩트 편집부, 세계의 불가사의, 한영란 역, 혜원출판사, 2008, p.188

27. https://www.britannica.com/list/new-seven-wonders-of-the-world

28. https://www.7wondersin7days.com/unesco-world-heritage-sites-vs-7-wonders-world/

29. https://www.britishmuseum.org/about-us/british-museum-story/sir-hans-sloane

30. 베텔스만 유네스코 편집위원회, 유네스코 세계문화유산, 박영구 외 역, 북스캔, 2003, p.165

31. https://whc.unesco.org/en/news/497

32. https://whc.unesco.org/en/news/497

33. http://whc.unesco.org/en/guidelines/

34. https://whc.unesco.org/en/criteria/

35. https://voicesfromthedawn.com/stonehenge/

36. https://www.english-heritage.org.uk/visit/places/stonehenge/history-and-stories/history/research/

37. https://historical.ha.com/itm/books/art-and-architecture/john-webb-a-vindication-of-stone-heng-restored-in-which-the-orders-and-rules-of-architecture-observed-by-the-ancient/a/6155-45304.s

38. https://www.azlyrics.com/lyrics/ylvis/stonehenge.html

39. https://www.english-heritage.org.uk/visit/places/stonehenge/things-to-do/stone-circle/

40. The first seven sites to be inscribed in 1986 were: Castles and Town Walls of King Edward in Gwynedd; Durham Castle and Cathedral; Ironbridge Gorge; Stonehenge, Avebury and Associated Sites; Studley Royal Park including the Ruins of Fountain Abbey; Giant's Causeway and Causeway Coast; St Kilda (https://whc.unesco.org/

en/statesparties/gb)

41. http://whc.unesco.org/en/list/373
42. https://www.theguardian.com/uk-news/2021/jul/23/stonehenge-could-be-stripped-of-world-heritage-site-status
43. http://uis.unesco.org/en/glossary-term/natural-heritage
44. https://whc.unesco.org/en/list/
45. http://whc.unesco.org/en/list/75
46. https://whc.unesco.org/en/soc/3670
47. http://whc.unesco.org/en/list/454
48. UNESCO's General Guidelines1 of the Memory of the World (MoW) Programme
49. https://ich.unesco.org/en/what-is-intangible-heritage-00003
50. https://whc.unesco.org/en/danger/
51. https://whc.unesco.org/en/soc/3857
52. https://whc.unesco.org/en/list/654
53. http://whc.unesco.org/en/list/4
54. http://whc.unesco.org/en/list/24
55. http://whc.unesco.org/en/list/2
56. http://whc.unesco.org/en/list/1
57. http://whc.unesco.org/en/list/9
58. http://whc.unesco.org/en/list/18
59. http://whc.unesco.org/en/list/3
60. http://whc.unesco.org/en/list/29
61. http://whc.unesco.org/en/list/32
62. http://whc.unesco.org/en/list/26
63. http://whc.unesco.org/en/list/27
64. http://whc.unesco.org/en/list/28
65. Korean National Commission for UNESCO 2021
66. http://whc.unesco.org/en/statesparties/KR
67. http://whc.unesco.org/en/list/736
68. 베텔스만 유네스코 편집위원회, 유네스코 세계문화유산, 박영구 외 역, 북스캔, 2003, p.257

69. http://whc.unesco.org/en/list/737

70. http://whc.unesco.org/en/list/738

71. http://whc.unesco.org/en/list/816

72. http://whc.unesco.org/en/list/817

73. http://whc.unesco.org/en/list/977

74. http://whc.unesco.org/en/list/976

75. http://whc.unesco.org/en/list/1319

76. http://whc.unesco.org/en/list/1324

77. http://whc.unesco.org/en/list/1439

78. http://whc.unesco.org/en/list/1477

79. http://whc.unesco.org/en/list/1562

80. http://whc.unesco.org/en/list/1498

81. http://whc.unesco.org/en/list/1264

82. http://whc.unesco.org/en/list/1591

83. 김은영 외, 국제보호지역, 유네스코한국위원회, 2019, p.78

84. https://en.unesco.org/mab

85. https://en.unesco.org/biosphere/aspac

86. https://en.unesco.org/global-geoparks

87. 김문기, 한국의 세계기록유산, 글누림, 2015, p.6

88. http://www.unesco.org/new/en/communication-and-information/
    memory-of-the-world/register/full-list-of-registered-
    heritage/registered-heritage-page-8/the-hunmin-chongum-
    manuscript/#c187086

89. http://www.unesco.org/new/en/communication-and-information/
    memory-of-the-world/register/full-list-of-registered-heritage/
    registered-heritage-page-8/the-annals-of-the-choson-
    dynasty/#c183673

90. https://ich.unesco.org/en/RL/royal-ancestral-ritual-in-the-jongmyo-
    shrine-and-its-music-00016

91. 이리나 보코바, 유네스코와 21세기 고등교육, 송창섭 역, 경희대학교 출판문화국,
    2014, p.27

92. Ibid., p.32